U1015006

人力资源管理案例分析

夏 天 编著

北 京
冶 金 工 业 出 版 社
2022

内容提要

本书根据国内外新的研究成果和我国人力资源管理的现状与发展编写典型案例，涉及人力资源发展、员工招聘与面试、新职工入职培训、企业员工培训体系、企业职能部门绩效考核、岗位分析、企业劳动争议解决等内容，旨在提升人力资源管理专业学生和从业人员理论知识的运用能力和实操技能的应用能力。

本书可作为高等院校和高职院校人力资源管理专业的教材，还可作为企事业单位人力资源管理从业人员的培训用书。

图书在版编目(CIP)数据

人力资源管理案例分析/夏天编著．—北京：冶金工业出版社，2022.4
ISBN 978-7-5024-9085-0

Ⅰ.①人… Ⅱ.①夏… Ⅲ.①人力资源管理—案例—高等职业教育—教材 Ⅳ.①F243

中国版本图书馆 CIP 数据核字(2022)第 047115 号

人力资源管理案例分析

出版发行	冶金工业出版社	**电　话**	(010)64027926
地　址	北京市东城区嵩祝院北巷 39 号	**邮　编**	100009
网　址	www.mip1953.com	**电子信箱**	service@mip1953.com

责任编辑　姜晓辉　王艺婧　美术编辑　燕展疆　版式设计　孙跃红
责任校对　范天娇　责任印制　李玉山
北京虎彩文化传播有限公司印刷
2022 年 4 月第 1 版，2022 年 4 月第 1 次印刷
710mm×1000mm　1/16；10 印张；196 千字；152 页
定价 60.00 元

投稿电话　(010)64027932　投稿信箱　tougao@cnmip.com.cn
营销中心电话　(010)64044283
冶金工业出版社天猫旗舰店　yjgycbs.tmall.com
(本书如有印装质量问题，本社营销中心负责退换)

前　言

本书是人力资源管理专业概论课程、模块课程、拓展课程等的配套教材。本教材的编写目标是帮助高等院校人力资源管理专业学生掌握综合运用人力资源规划、招聘与配置、培训与开发、绩效管理、薪酬管理、劳动关系、企业文化建设、职业生涯规划、员企关系等各方面知识，学会解决企业人力资源管理的实际问题，强化其理论知识、训练其案例分析技能、领悟管理规律，全面提升人力资源管理专业学生的综合职业素质。

本教材依据人力资源管理专业人才培养方案和专业相关课程要求，编写了十个企业人力资源管理典型案例，涉及人力资源服务业发展趋势、员工招聘与面试、新员工入职培训、企业员工培训体系、企业职能部门绩效考核、岗位分析、企业劳动争议解决等内容，可以有效地关联员工素质测评、无领导小组讨论、行为观察法、行为锚定法、关键绩效指标、薪酬激励、劳动法律法规实务等相关人力资源管理方法的实际操作与应用。作者遵循案例分析教学的特点，在教学中设计了案例导入、任务驱动、小组讨论、小组汇报、教师（或学生）点评、教师总结等环节，可以实现案例分析法、小组讨论、实地调研、任务驱动法、情景模拟法、角色扮演、文献法等教学方法的应用。

本教材在内容结构上，分别设计了“背景知识”“案例详情”“案例思考”“案例拓展”“拓展思考”等五大环境，依托企业典型的人力资源管理案例，为学生营造人力资源管理工作环境，实现理论与实践相结合、专业与行业相融合的教学目的，通过学生参与度、分组讨论有效性、小组汇报质量、学生点评质量、案例合适度、教学启发性、课次改进方向7项指标监控课程教学的实施质量。

本教材在编写过程中，参考和引用国内外众多的人力资源管理著作和论文，并将其列在书后的参考文献中，对本书涉及的这些著作和论文的作者表示衷心感谢。同时，感谢浙江省人力资源服务行业协会、浙江省对外服务公司开元森泊酒店、君亭酒店等校企合作单位。

由于作者水平所限，书中不妥之处，恳请读者批评指正。

夏　天

浙江旅游职业学院

2022 年 2 月

目　　录

案例一　人力资源外包的趋势

【背景知识】人力资源服务业

一、引言

随着我国经济结构的调整和产业结构的优化升级，人力资源服务业作为现代服务业重要的新兴门类，越来越受到政府、企业和各类组织的重视和认同，并逐步显现规模化、专业化和产业化的发展趋势。自2010年国家发改委正式将人力资源服务业列为鼓励类产业目录，人力资源服务业进入了产业化纪元，全国各地（如上海、重庆、浙江、河南、江苏、安徽等）人力资源服务产业园相继成立，产业集聚程度进一步加强。目前，层次化和多元化的人力资源服务体系已初见端倪，服务领域和服务内容得到了逐渐拓展和延伸。国家“十二五”规划纲要中强调“规范发展人事代理、人才推荐、人员培训、劳务派遣等人力资源服务”，因此，人力资源服务业产业集群生态化的构想将在实现产业集聚向产业集群升级的同时，优化其产业链的生态体系，通过专业分工、有效协作和资源互补的动态群聚，促进产业的生态平衡和黏聚效应。

二、人力资源服务业产业化现状

（一）产业地位的提升

为了大力推进人力资源服务业产业化发展的进程，2007年国务院发布《关于加快发展服务业的若干意见》，明确提出要“发展人才服务业，完善人才资源配置体系”，并在2011年由国家质量监督检验检疫总局和国家标准化管理委员重新修订了《国民经济行业分类》（GB/T 4754—2011），将人力资源服务业正式列入国家产业目录，作为国家重点发展的产业领域，这是国家对大力发展人力资源服务业更为积极、明确的战略信号和落实部署。人力资源服务业在产业地位和作用提升的同时，业态种类也获得了全面的丰富。2004年起，以珠三角、长三角等经济发达地区为代表出现的“用工荒”问题，为人力资源服务业的业态发展创造了机遇，使原有的劳务派遣行业出现了从单纯的低端劳动力输出向专业化、规模化、多样化、一体化的人力资源服务发展的新局面。目前，人力资源服务业具体包括商业、管理咨询服务、薪酬福利、教育、培训、员工关系与沟通、人力资源咨询服务、人力资源外包服务、人力资源信息系统、计算机软件、法律事务、就业法律、税收、基金、养老金、退休计划、保险、心理测评工具、招募选择、高层管理人员搜寻等业态。

(二）产业园的兴建

随着 2010 年 11 月 9 日，我国首个国家级人力资源服务产业园在上海闸北区的正式揭牌运营，全国各地人力资源服务产业园陆续兴建，比如重庆人力资源服务产业园，浙江杭州、宁波、嘉兴三地的人力资源服务产业园，江苏苏州、南京、常熟、吴江、大丰五地的人力资源服务产业园，河南（中原）人力资源服务产业园，山西太原人力资源服务产业园，安徽马鞍山人力资源服务产业园等，另外北京、天津、广州、青岛、辽宁等地也正在积极筹备之中。人力资源服务产业园通过产业集聚、企业孵化和行业规范，搭建人力资源服务企业的实体平台，拓展了服务的供给、完善了服务的链条、提升了服务的水平。现在，各地正在发挥区位优势和区域特点的前提下，积极酝酿本地区人力资源服务产业园第二阶段的整体布局工作，努力打造具有较强竞争优势的人力资源服务业产业集群。

(三）产业化规划

2012 年 4 月 24 日，江苏省在全国率先出台了人力资源服务业发展规范性文件——《关于加快人力资源服务业发展的意见》，将人力资源服务产业化发展定位在品牌化、规模化、集约化三个重要方向，并提出了人力资源服务产业集群的概念。随后，浙江、天津、辽宁等各地在出台的人力资源服务业发展规划文件中也均将“产业化”作为重点任务。产业化是人力资源服务业规模程度的过程，是从量的集合到质的激变，是人力资源服务业发展的黄金阶段。产业园形成的初级阶段，更多表现为产业集聚，一种空间上的分布现象，是同一产业在某个特定地理区域内的高度集中，而去形式化，强内涵、突优势、显专业、重分工、优协作，实现真正意义上的产业集群则是人力资源服务业在产业化进程中的前景。

三、人力资源服务业产业集群生态化

(一）人力资源管理价值链的存在

人力资源管理的本质是一个价值增值的过程。英国人力资源学者戴尔和里维斯（1995）通过人力资源实践与组织绩效的因果关系研究，证实了人力资源价值链模型的存在。通过价值分析（人力资源规划、工作分析）、价值培养（招聘与选拔、员工培训）、价值评价（岗位评价、技能评价、能力评价、业绩考核）、价值分配（薪酬福利、绩效改进、个人发展）四个环节的有机构成能够有效的实现价值创造（企业价值、人力资本价值）。人力资源价值链的存在为人力资源服务业的产业链构成提供了重要的先决条件。将组织内部的价值链管理转化为组织外部专业、系统、全面的服务产业链，不但极大地降低了组织的人力资源管理成本，而且进一步优化了人力资源价值增值的成效。现代人力资源服务业可以覆盖包括人力资源规划、招聘、培训和发展管理、绩效评估、奖酬和补偿、法律问题和工作设计等在内的人力资源管理的所有方面，其产业链的延伸应首先遵循人力资源价值链的轨迹。

（二）人力资源服务产业链的梳理

国外人力资源服务机构在专业化的基础上，正在形成大众化服务与差异化服务、单项型服务与复合型服务、静态性服务与连续性服务等多元发展、综合配套的完整的人力资源服务产业链。例如，英国的人力资源服务业大多专注于某一行业或某一类雇员的招聘服务。一份英国劳动力市场1984~1992年的年度调查数据和1992年之后的季度调查数据表明，70%左右的失业求职者通过职业中介寻找工作。2003年，英国有700万人通过互联网找工作，90%的毕业生通过互联网寻找自己的第一份工作。这种搜寻渠道有效地提高了岗位的匹配性，降低了工作搜寻的成本。又如美国，人力资源服务业是创造就业岗位的主要动力，预计到2014年，创造新的就业岗位将超过其他任何产业达到505万。同时，近年来美国人力资源服务业约20%的利润来自管理、法律、信息技术等高收入岗位的“猎头”服务。再如，根据一项对希腊企业使用人力资源外包服务的调查显示，使用培训服务的企业占60.3%，使用人才招聘服务的占34.6%，使用薪酬福利服务的占24.3%，在裁减员工方面使用外包服务的占4.4%。他们的优势在于目标明确、服务专业，能够满足服务对象多层次和多样化、灵活性的服务需求。

我国人力资源服务业的发展已呈现出多极态势，传统招聘、人才猎头、职业培训、绩效评价、薪酬管理服务、劳务派遣、人事代理、业务外包、人力资源咨询、健康服务、居住生活配套等领域均不同程度地形成了自有的专业体系。但是，整个行业仍处在初级发展阶段，定位不清晰、服务不规范、规模参差不齐、资源重复性投入、总体实力较弱等问题成为了行业整体发展的瓶颈所在。同时，人力资源服务产业链不合理，服务模式雷同、服务功能同质、服务产品单一是大部分机构的普遍现象。因此，明确政府、人力资源服务业、人力资源、市场等多元主体之间协同演化过程中的任务导向，基于人力资源价值链的基础，梳理人力资源服务产业链，系统整合服务项目，促成上下游合作机制，加强行业内部黏聚效应，构建创造服务价值的动态模式，是获取人力资源服务业“内生性成长”动力的关键所在。

目前，我国新建的人力资源服务产业园集聚了大量优质的人力资源服务机构，产业构成主要包括人力资源培训、测评、网络招聘与网络信息服务、高级人才寻访、人力资源服务外包、人员派遣、人力资源管理咨询等领域的服务项目，部分地区政府的非营利、公益性人力资源公共服务平台也正在逐步完善，产业园内已基本具备了产业链的构成，这为人力资源服务业的产业集群发展夯实了基础。

（三）人力资源服务业产业集群的生态化

依据美国哈佛商学院教授迈克尔·波特（1998）明确的产业集群概念，产业集群化不仅包括有交互关联性的企业的产业集聚，还涉及专业化供应商、服务供应商、相关产业的厂商、产业公会、金融机构、大学、科研机构、地方政府和外部环境力量等。同时，基于生态系统的视角，遵循人力资源价值链，重塑人力资源服务产业链进行机构布局。因此，人力资源服务业产业集群生态化结构分为二层一环，分别是基础层、支撑层和产业环，如图 1-1 所示。

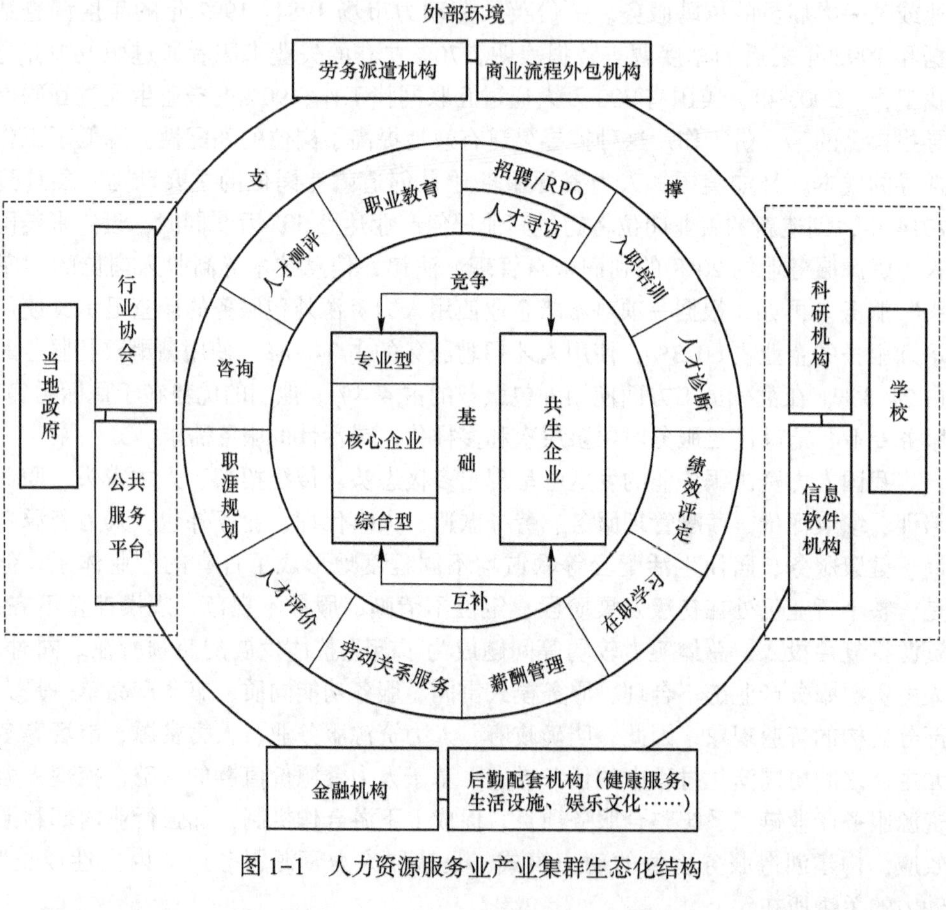

图 1-1 人力资源服务业产业集群生态化结构

基础层由人力资源服务业的核心企业和共生企业构成，以产业环的服务项目形成上、中、下游的合作。其中，核心企业由人力资源服务的专业型机构和综合型机构组成，并与共生的人力资源服务机构形成竞争或者互补的良性博弈关系。产业环即产业生态链，依照咨询服务→人才测评（素质）服务→职业教育（职前）→招聘/RPO 服务与高级人才寻访服务→入职培训（岗前）→人才诊断（评测）服务→绩效评定服务→在职学习→薪酬管理服务（薪资和福利）→劳动关系服务（人事代理、商业保险等）→人才评价（开发）服务→职业生涯规划的系统解决用人单位人力资源管理的工作。

在支撑层中，政府发挥规划、培育、构建系统的作用，通过人力资源服务行业协会和公共服务平台与人力资源服务产业做对接，学校则以科研机构和信息软件机构解决技术、发展、创新等问题。劳务派遣机构和商业流程外包机构是供应商的角色，提供人力资源和业务来源，金融机构解决资本要素，后勤配套机构解决健康服务、生活设施、娱乐文化等大量人文要素。整个人力资源服务产业集群生态结构与外部环境的政治、经济、社会、法律、科技、人口等宏观因素保持常态的信息、资源、知识的交流，促进产业的内生性成长。

【案例详情】酒店行业人力资源外包初探

目前，在酒店业的人力资源管理方面出现很多新问题。例如，淡季和旺季用工需求量差距明显；酒店企业的人力成本增长速度快于营收的增长；无法满足员工对薪酬的预期而导致离职率居高不下等。针对这系列涌现的问题，酒店行业企业可以通过人力资源外包管理，创新人力资源融通渠道来解决。

“外包”是指在组织外部寻找相关有效资源来完成或解决组织内部的工作或问题。人力资源管理外包特指企业根据内部需求，将一项或者几项在人力资源管理中不处于核心地位且没有竞争优势的业务实现外包形式，交由比自身更具备成本优势和专业优势的其他组织来完成。近年来，各个行业都广泛应用人力资源管理外包，在酒店行业也得到了一定的普及。酒店业的行业性竞争越来越激烈，快速上升的人力成本已使酒店业进入微利时代。为了维持和促进自身的健康发展和可持续性增长，酒店企业需要将有限的资源和时间用在增强企业核心价值这一关键要素上。因此，人力资源管理外包在这种背景下，成为了酒店行业企业人力资源管理的最佳选择。

一、人力资源外包的意义

（一）将关键性人力资源管理聚焦于可持续发展

通过研究显示，在常态人力资源管理中，事务性活动占全部人力资源管理活动的65%~75%，而对企业未来发展起战略性作用的关键性人力资源管理活动只占30%左右。酒店行业企业可以通过实施人力资源管理外包，将简单的勤杂岗位、烦琐的事务性活动交由于专业的外包公司，而将关键性人力资源管理服务并聚焦于更有价值的系统管理工作中，实现组织的可持续发展，比如激励制度的完善、组织文化和核心价值观的创新等，发挥人力资源部门的战略性功能。

（二）降低人力资源的用工和管理成本

由于旅游属性，酒店行业企业的经营通常具有很强的季节性，与专业的人力资源外包公司合作，就可以解决淡旺季时期酒店不同的人力成本需求差异。同时，酒店行业过快的人员流动也会产生较大的管理成本或间接人工费用，而外包公司正好能够解决这一难。数据显示，采用人力资源外包的组织，人工成本一般可以降低20%~30%。

随着外包公司的快速发展和专业分工的优化，酒店行业企业人力资源外包将日趋成熟。通过这种双赢模式的运作，既为酒店节约了人工成本及部分隐性成本，也为外包公司带来了可观的经济效益和发展动力。

（三）优化资源赋能竞争优势

承担外包业务的专业公司往往都具备充沛的人力资源储备管理，在专业知识、技能技术和实际操作经验等方面都显现优势，因此能够对市场需求进行准确的分析和科学的判断。在满足酒店行业企业一般性人力资源管理需求的同时，也能提供更具有专业素质的员工，增强了酒店的核心竞争优势。

目前来看，酒店企业的外包业务项目范围正将逐渐扩大，除了酒店的核心服务产品和关键性重要服务岗位以外，相关配套服务或常规重复性服务项目等都可以逐步借助社会资源实现外包管理。比如，员工福利设施的管理、公共区域设备清洁与养护、室内外绿植护理、给排水和强弱电工程等。

二、酒店行业人力资源外包的提质

（一）优化外包人员素质，提升服务品质

目前，人力资源外包在我国仍处于发展阶段，外包人员素质参差不齐、服务意识较难标准化等问题仍较为突出。对于酒店服务行业而言，一线员工的服务质量将直接影响企业的社会口碑。不少高星级（商务）酒店都存在着这样的担忧，服务质量的好坏与高低是决定酒店生存与发展的关键所在。因此，人力资源服务企业应当加强员工入职前和上岗前的专项培训，并且在用工过程中有效追踪外包员工的绩效水平。优化外包人员素质，提升服务品质已成为了目前众多使用人力资源外包的酒店行业企业最核心的诉求之一。

（二）强化外包人员用工关系，促进稳定发展

酒店行业企业采用人力资源外包的促因，主要是为了平衡淡旺季和突发业务的用工需求，这对人力资源服务企业提出了更高的快速响应要求。一部分人力资源服务企业，自身的用工关系也存在一定的不稳定性，于是更难满足酒店的“临时性”需求，像员工擅自离岗、岗位长时间空缺等现象屡见不鲜。因此，酒店在选择外包合作企业时，应加强对合作企业的信用资质、用人制度、员工规划、薪酬制度等情况作细致周密的调研，以确保今后合作过程中用工关系的稳定性。

（三）改善外包人员与酒店的同工关系，增强日常管理

外包人员的劳动关系隶属于第三方人力资源服务企业，薪酬也由其直接发放，这往往容易导致酒店管理者在外包人员的管理上显得力不从心，效果甚微。而且，由于同工不同酬现象的存在，外包人员与酒店正式员工，甚至管理方发生口角、纠纷的现象时有发生。从根本上要解决管理的风险，酒店行业企业需要与外包合作单位保持良好的常态沟通，这种沟通的桥梁可以通过人力资源服务企业的外派驻店人员来实现。这种模式正在成为众多酒店在与第三方外包企业合作时效仿的一种新方式。

在社会大分工日趋强调的当下，人力资源外包正在成为酒店人力资源管理的必然发展趋势。如何在确保酒店服务品质、维护社会口碑的前提下，更好地利用人力资源外包来解决酒店基础用工的难题，是酒店人力资源管理与人力资源服务企业的共同努力攻克的课题。

【案例思考】酒店行业如何加强与人力资源服务行业的合作

如何有效管控人力资源服务企业针对酒店行业的外包服务，可基于以下几点的思考：

（1）严把合作企业选用关。目前从事劳务派遣的人力资源服务企业较多，其经营规模、管理水平和服务效率都存在一定差异。酒店应加强前期调研和沟通了解，把控选择这一关键工作。如采取公开招投标的方式，将酒店对外承包的项目和业务要求附在招标书后面发给各外包服务公司，要求在指定日期内参加招投标工作，酒店可以通过缜密的横向比较，从入围的供应商中选择最恰当的合作公司。

（2）严把外包人员入店关。酒店的基础性业务可以外包，但是用人标准不能降低。酒店在与外包服务公司签约时，应将《人力资源服务企业外包服务管理

手册》作为合同附件同时签订，及时将外包人员的用工标准、工作流程和服务规范告知外包公司，外包公司按照标准提供后备人选。酒店人力资源部对后备人选实施面试把控，符合要求的方可办理入职手续，不符合要求的可由外包公司进行及时更换。同时，所有进入酒店的外包人员还应参加酒店人力资源部开展的入职培训，全面学习酒店的标准化和特殊性服务规范，提升工作纪律意识，确保熟知各项制度与规范。

（3）加强日常沟通与交流。人力资源服务企业派驻人员的实际工作地点在酒店，而相关人事管理关系在外包公司，因此，日常管理极易由沟通不畅造成管理上的纰漏。人力资源服务企业、酒店人力资源部、外包人员所在部门三方应加强日常的密切沟通与交流，做到防患于未然和未雨绸缪。

外包人员的劳动关系虽在各自的人力资源服务公司，但是在工作中和酒店正式员工是平等的关系，酒店员工应当在工作中予以平等对待和礼遇，给予理解和尊重，在管理中一视同仁，奖罚分明。外包人员在工作中得到锻炼和成长，产生归属感，工作积极性得到充分发挥，必将成为酒店员工队伍中不可缺少的中坚力量！

【案例拓展一】人力资源社会保障部、国家发展改革委、财政部《关于加快发展人力资源服务业的意见》（节录）

一、重点任务

（一）发展各类人力资源服务机构。坚持政府引导、市场运作、科学规划、合理布局，构建多层次、多元化的人力资源服务机构集群，增加人力资源服务供给。支持通过兼并、收购、重组、联盟、融资等方式，重点培育一批有核心产品、成长性好、竞争力强的人力资源服务企业集团，发挥大型人力资源服务机构的综合性服务功能。鼓励发展有市场、有特色、有潜力的中小型专业人力资源服务机构，积极发展小型微型人力资源服务企业。到2020年，重点培育形成20家左右在全国具有示范引领作用的龙头企业和行业领军企业。

（二）增强人力资源服务创新能力。实施人力资源服务能力提升计划，推进人力资源服务领域的管理创新、服务创新和产品创新。鼓励人力资源服务企业设立研发机构，加强人力资源服务理论、商业模式、关键技术等方面的研发和应用，丰富服务渠道和服务模式。加强人力资源服务业信息化建设，鼓励运用云计算和大数据等技术，推动人力资源服务业务应用和移动互联网的进一步结合。培育服务需求，鼓励用人单位通过人力资源服务企业引进高端急需紧缺人才和购买专业化的人力资源服务。引导人力资源服务企业打破“大而全”“小而全”的格局，细化专业分工，向价值链高端延伸，重点鼓励人力资源外包、高级人才寻访、人才测评、人力资源管理咨询等新兴业态快速发展。

（三）培育人力资源服务品牌。鼓励企业注册和使用自主人力资源服务商标，开展自主品牌建设，形成一批知名企业和著名品牌。支持人力资源服务企业参选本地区服务业重点企业名录。建立人力资源服务机构分类和评估指标体系，组织开展人力资源服务水平等级认证工作。举办人力资源服务供需对接、服务产品推介等活动，搭建人力资源服务品牌推广平台。

（四）推进人力资源服务业集聚发展。加强人力资源服务产业园的统筹规划和政策引导，依托重大项目和龙头企业，培育创新发展、符合市场需求的人力资源服务产业园，形成人力资源公共服务枢纽型基地和产业创新发展平台。加强园区建设，完善和落实产业园扶持政策，加大招商力度，充分发挥园区培育、孵化、展示、交易功能，促进人力资源服务业集聚发展和产业链延伸。加强园区管理，制定完善园区管理办法。重点在全国范围内建设一批有规模有影响，布局合理、功能完善的人力资源服务产业园。

（五）加强人力资源服务业人才队伍建设。加大人力资源服务业高层次人才的培养引进力度，将其纳入相关人才计划和人才引进项目，享受相关优惠政策。实施人力资源服务业领军人才培养计划，加强人力资源服务机构经营管理人员研修培训，依托著名高校、跨国公司，建立人力资源服务培训基地和实训基地，多层次、多渠道培养和引进人力资源服务业急需的高层次人才。开展人力资源服务业专业技术人员继续教育，纳入专业技术人才知识更新工程。完善人力资源服务业从业人员和相关服务领域的职业水平评价制度，加大职业培训力度，提高从业人员专业化、职业化水平，打造一支素质优良、结构合理的人力资源服务业人才队伍。

（六）加强人力资源服务业管理。依法实施人力资源服务行政许可，加强事中事后监管，将设立人力资源服务机构许可由工商登记前置审批改为后置审批，优化流程，提高效率。探索建立企业年度报告公示和经营异常名录等制度。深入推进人力资源服务机构诚信体系建设，健全诚信管理制度。加快人力资源服务标准化建设，建立健全包括基础术语、机构评价、服务规范、人员资质、服务技术在内的人力资源服务标准体系。鼓励各地和行业协会开展人力资源服务新兴业态标准的研究工作。建立人力资源市场信息共享和综合执法制度，充分利用信息跟踪、市场巡查、受理投诉举报等监管手段，加大监管力度。

（七）推进公共服务与经营性服务分离改革。深化人力资源市场体制改革，实现人力资源市场领域的管办分离、政企分开、事企分开、公共服务与经营性服务分离。推进政府所属公共就业和人才服务机构设立的人力资源服务企业脱钩，鼓励以委托经营、公司性改造、吸引社会资本等多种方式，推行产权制度改革，完善法人治理结构，真正成为自主经营实体，加快社会化、市场化改制步伐。对具有经营优势的，要注意保持服务品牌，鼓励其做大做强，发挥示范带动作用。

（八）夯实人力资源服务业发展基础。完善行业统计调查制度，逐步建立科学、统一、全面的人力资源服务业统计制度，建立覆盖各级的人力资源服务机构数据库，加强数据的分析与应用。定期发布人力资源服务业行业发展报告，引导行业发展。培育发展人力资源服务行业协会组织，充分发挥行业协会在行业代表、行业自律、行业协调等方面的功能。加强人力资源服务业的理论研究和宣传，扩大人力资源服务业的知名度、美誉度和社会影响力。

二、政策措施

（一）加大财政支持力度。研究通过中央财政服务业发展专项资金、国家服务业发展引导资金对人力资源服务业发展重点领域、薄弱环节和生产性服务业创新团队给予支持。有条件的地方也应通过现有资金渠道，加大对人力资源服务业发展的支持力度，并探索采取政府股权投入、建立产业基金等市场化方式，切实提高资金使用效率。

（二）落实税收优惠政策。加快推进营业税改征增值税改革，消除人力资源服务中间环节的重复征税问题。人力资源服务企业的总、分机构不在同一县（市），但在同一省（区、市）范围内的，经省财政、税务部门批准，可由总机构汇总申报缴纳增值税。符合离岸服务外包业务免税条件的人力资源服务企业，提供离岸服务外包业务免征增值税。在国务院批准的21个中国服务外包示范城市内的人力资源服务企业，符合现行税收政策规定的技术先进型服务企业条件的，经认定后，可按规定享受税收优惠政策。

（三）拓宽投融资渠道。鼓励符合条件的人力资源服务企业进入资本市场融资，支持符合条件的人力资源服务企业上市或发行集合信托以及公司债、企业债、集合债、中小企业私募债等公司信用类债券融资。进一步放宽人力资源服务业的市场准入，鼓励各类社会资本以独资、合资、收购、参股、联营等多种形式，进入人力资源服务领域，提高人力资源服务领域的社会资本参与程度。

（四）完善政府购买人力资源公共服务政策。各地要从实际出发，逐步将适合社会力量承担的人力资源服务交给社会力量。要稳步推进政府向社会力量购买人力资源服务，研究将人力资源服务纳入政府购买服务的指导目录，明确政府购买人力资源服务种类、性质和内容，并在总结经验的基础上及时进行动态调整。通过竞争择优的方式选择承接政府购买人力资源服务的社会力量，确保具备条件的社会力量平等参与竞争。要建立健全政府向社会力量购买人力资源服务各项制度，切实提高财政资金使用效率，加强监督检查和科学评估。

（五）扩大对外开放与交流。加强国际交流合作，稳步推进人力资源市场对外开放，积极构建公平稳定、透明高效、监管有力、与国际接轨的人力资源服务业外商投资管理体制。深入推进与我国香港、澳门、台湾地区的人力资源服务合作。鼓励有条件的本土人力资源服务机构“走出去”，与国际知名人力资源服务机构开展合作，在境外设立分支机构，大力开拓国际市场，积极参与国际人才竞争与合作。

（六）健全法律法规体系。加快制定人力资源市场条例及配套规章，完善体现权利公平、机会公平、规则公平的人力资源市场法律法规体系。依法全面履行政府职能，着力打破人力资源市场中存在的地区封锁、市场分割等各种壁垒，纠正设置行政壁垒、分割市场、妨碍公平竞争的做法。鼓励各地按照建立统一规范灵活的人力资源市场要求，制定完善相关法规。建设专业化、职业化的高素质人力资源市场执法队伍，提升市场执法和监管水平。加大人力资源市场法律法规宣传力度，营造良好舆论氛围。

【案例拓展二】中国人力资源服务行业上市挂牌企业名单（截至2018年底）

表1-1 中国人力资源服务行业上市挂牌企业名单（共94家）

序号	省、自治区、直辖市	公司名称	主营业务	挂牌日期
1	北京	北京宏景世纪软件股份有限公司	人力资源管理软件	2014年11月
2		北京和君商学在线科技股份有限公司	管理培训	2015年2月
3		北京万古科技股份有限公司	人力资源管理软件	2015年3月
4		汉哲管理咨询（北京）股份有限公司	企业管理咨询服务	2015年7月
5		北京纽哈斯科技股份有限公司	雇主品牌服务	2015年12月
6		全美在线（北京）教育科技股份有限公司	测评职业培训	2015年12月
7		北京经邦东学教育科技股份有限公司	猎头	2016年4月
8		北京北森云计算股份有限公司	人力资源管理软件	2016年4月
9		北京联洋人才科技股份有限公司	猎头 培训	2016年8月
10		罗科仕科技（北京）股份有限公司	外包派遣人力	2016年8月
11		北京东方慧博人力资源顾问股份有限公司	外包 派遣 人事代理	2016年5月
12		玖零互生文化发展（北京）股份有限公司	管理咨询培训服务	2016年12月
13		北京仁达方略管理咨询股份有限公司	管理咨询服务、培训少熊项	2016年12月

续表 1-1

序号	省、自治区、直辖市	公司名称	主营业务	挂牌日期
14	北京	北京艾美迪科技股份有限公司	组织医学培训	2016 年 12 月
15		中德诺浩（北京）教育投资股份有限公司	教育服务	2016 年 12 月
16		北京东方飞扬软件股份有限公司	档案管理软件	2016 年 12 月
17		北京华普亿方教育科技股份有限公司	培训	2017 年 1 月
18		汉哲管理咨询（北京）股份有限公司	企业管理咨询服务	2015 年 7 月
19		举贤网科技（北京）股份有限公司	提供中高端人才寻访服务	2016 年 4 月
20		北京博志成在线科技股份有限公司	为地产企业提供管理咨询服务	2008 年 3 月
21		北京网聘咨询有限公司	一站式专业人力资源服务	2014 年 6 月
22		前锦网络信息技术（上海）有限公司	一站式专业人力资源服务	2004 年 9 月
23		万仕道（北京）管理咨询股份有限公司	中高端人才招聘求职平台	2018 年 6 月
24		五八同城信息技术有限公司	分类信息网站	2013 年 1 月
25		北京科锐国际人力资源股份有限公司	猎头等人力资源服务	2017 年 6 月
26	广东	深圳市万泉河科技股份有限公司	招聘	2014 年 1 月
27		深圳市一览网络股份有限公司	一体化人力资源解决方案	2015 年 10 月
28		深圳市泛亚人力资源股份有限公司	派遣外包	2016 年 4 月
29		深圳市鑫日科在线教育股份有限公司	在线教育	2016 年 4 月
30		深圳市南深人力资源股份有限公司	派遣招聘	2016 年 3 月
31		广东亚齐信息技术股份有限公司	档案管理	2016 年 12 月
32		深圳市桑尔企业管理顾问股份有限公司	管理项目咨询	2017 年 1 月
33		深圳市中鹏教育科技股份有限公司	职业资格考试培训、学历类	2017 年 2 月
34		深圳市思普达软件系统股份有限公司	企业管理软件和服务	2017 年 4 月
35		广东新励成教育科技股份有限公司	人才培训服务	2017 年 7 月
36		广东百城人才网络股份有限公司	招聘	2017 年 12 月
37		惠州聚英人力资源股份有限公司	外包派遣，人事代理和培训	2016 年 11 月
38		广东倍智测聘网络科技股份有限公司	人才招聘服务和人才测评	2015 年 11 月
39		广州博融智库咨询股份有限公司	管理咨询服务	2017 年 1 月
40		广州市瀚辉企业管理顾问股份有限公司	管理咨询、财务咨询	2017 年 8 月
41		广东智通人才连锁股份有限公司	人力资源综合服务	2014 年 8 月
42		广东三人行管理咨询股份有限公司	外包派遣人力资源咨询培训	2015 年 11 月
43		卓才互能（广州）科技股份有限公司	劳务派遣劳务外包、招聘服务等各类人力资源服务	2018 年 2 月
44		广东方天软件科技股份有限公司	ERP 管理软件的研发销售及维护	2018 年 6 月
45	上海	上海景格科技股份有限公司	汽车行业职业教育	2014 年 2 月
46		上海蓝海人力资源股份有限公司	人事代理派遣外包等	2015 年 1 月

续表 1-1

序号	省、自治区、直辖市	公司名称	主营业务	挂牌日期
47	上海	上海储吉信息技术股份有限公司	汽车行业职业培训	2015 年 12 月
48		上海希尔企业管理咨询股份有限公司	管理资源软件开发	2015 年 8 月
49		上海起航企业管理咨询股份有限公司	管理培训	2015 年 8 月
50		上海企源科技股份有限公司	管理咨询	2015 年 8 月
51		上海功途教育科技股份有限公司	在线教育	2016 年 4 月
52		上海大易云计算股份有限公司	人力资源管理软件	2016 年 7 月
53		上海晨达人力资源股份有限公司	外包派遣人事代理	2016 年 6 月
54		上海经邦东学教育科技股份有限公司	中高端人才寻访	2016 年 4 月
55		百姓网股份有限公司	招聘	2016 年 3 月
56		中智关爱通（上海）科技股份有限公司	“员工关爱”整体解决方案	2017 年 6 月
57		上海大业堂教育培训股份有限公司	为个人及企业提供管理培训	2017 年 8 月
58		上海肯耐珂萨人力资源科技股份有限公司	人力资源 SaaS 系统	2014 年 12 月
59		百姓网股份有限公司	分类信息网站	2016 年 3 月
60	河南	河南九博科技股份有限公司	人事代理源遣招聘外包	2016 年 4 月
61		郑州云工社社群服务股份有限公司	派遣外包	2016 年 7 月
62		河南清大教育科技股份有限公司	教育培训服务	2016 年 12 月
63		郑州中原人才资源开发有限公司	人才中介服务机构	2015 年 5 月
64		河南智策外包服务有限公司	业务流程外包 BPO	2016 年 11 月
65		河南智策人力资源服务有限公司	派遣、猎头社保代理	2015 年 5 月
66	山东	山大地纬软件股份有限公司	人力资源管理软件	2015 年 1 月
67		山东联通人力资源服务股份有限公司	劳务派遣、劳动事务代理	2016 年 1 月
68		山东德衡人力资源股份有限公司	派遣外包人事代理	2017 年 7 月
69		山东圣邦人力资源股份有限公司	派遣外包	2016 年 7 月
70		青岛英网资讯股份有限公司	互联网招聘服务软件	2017 年 8 月
71		威海万方人才合作股份有限公司	对外劳务合作业务	2018 年 5 月
72	江苏	苏州全色未来信息咨询股份有限公司	猎头	2016 年 3 月
73		苏州欧孚网络科技股份有限公司	人才招聘服务外包	2016 年 11 月
74		苏州越吴人力资源股份有限公司	劳务派遣和劳务外包	2015 年 7 月
75		盐城鹤鸣亭传媒股份有限公司	互联网广告服务及互联网职业信息服务	2015 年 7 月
76		点米网络科技股份有限公司	劳务派遣 Sass 平台	2014 年 11 月

续表 1-1

序号	省、自治区、直辖市	公司名称	主营业务	挂牌日期
77	浙江	浙江杰艾人力资源股份有限公司	劳务派遣，人力资源外包	2015 年 11 月
78		浙江商旅企业服务股份有限公司	派遣外包	2016 年 4 月
79		浙江新联外包服务股份有限公司	劳务外包	2017 年 8 月
80		杭州帮实科技股份有限公司	创业服务	2017 年 8 月
81	湖北	武汉起点人力资源股份有限公司	招聘派遣外包	2015 年 9 月
82		武汉北科天翼信息科技股份有限公司	人力资源公共服务信息平台	2016 年 12 月
83		武汉华中新世纪人才股份有限公司	综合人力资源服务供商	2017 年 2 月
84	四川	成都紫极伟业科技股份有限公司	政务人力资源管理软件	2016 年 3 月
85		绎达咨询（成都）股份有限公司	综合管理咨询	2017 年 12 月
86	天津	天津天保人力资源股份有限公司	为机关、企事业单位提供综合性、专业化的人力资源服务	2017 年 6 月
87		恒拓开源信息科技股份有限公司	人才招聘外包	2015 年 12 月
88	河北	河北快乐沃克人力资源股份有限公司	人事代理派遣招聘外包	2015 年 4 月
89	湖北	湖北腾飞人才股份有限公司	外包，派遣	2017 年 12 月
90	湖南	湖南华顺人力资源服务管理股份有限公司	派遣劳务外包及人事代理	2017 年 8 月
91	广西	广西锦绣前程人力资源股份有限公司	派遣人事代理派遣	2015 年 9 月
92	西藏	西藏华勤互联人力资源股份有限公司	劳务派遣及人事代理	2015 年 11 月
93	福建	高建海峡人力资源股份有限公司	派遣外包	2016 年 7 月
94	重庆	重庆旭德教育软件股份有限公司	为高考考生报考志愿及专业选择等提供专业咨询服务	2018 年 2 月

注：本表资料来源于作者文献整理。

【拓展思考】

1. 人力资源服务行业应如何规范与不同行业之间的外包服务业务？

2. 人力资源管理专业应如何加强对不同行业的认知与学习、实践？

案例二　特殊面试题：你会打篮球吗

【背景知识】招聘与面试

一、招聘的内涵

任何竞争归根到底是人才的竞争。随着经济的发展，人才的需求也越来越强烈，组织要发展就必须不断地吸纳人才。员工招聘已经成为组织对人力资源需求不可或缺的一个重要的途径。组织通过员工招聘挖掘到适合组织发展的人才，从而也实现了人力资源的有效配置。

（一）员工招聘的含义

员工招聘是指组织根据人力资源发展规划和工作分析所确定的对本组织人员数量和质量的需求情况，按照一定的程序和方法，募集、挑选并录用具备资格条件的求职者担任一定职位的过程。

员工招聘是由一项较为复杂的活动过程，它需要确定人员需求的基本信息，通过各种渠道发布人员需求的信息，需要招聘者收集并筛选应聘者的详细资料，科学甄选不同岗位的候选人，对选中人员进行合理的安置和录用等。

（1）员工招聘任务的提出。新公司的成立；因原有人员调任、离职、退休、死伤而出现职位空缺；公司业务扩大，人手不够；人员队伍结构不合理，在裁减多余人员的同时需要补充短缺人才。

（2）员工招聘应符合的要求。符合国家的有关法律、政策和本国利益；根据企业人力资源规划和职务说明书应聘人员的任职资格要求；在招聘中应坚持平等就业；确保录用人员的质量；努力降低招聘成本，提高效率。

（二）员工招聘的意义

员工招聘是企业获取人才的关键，对企业的生存和发展起着决定性的影响，组织的人力资源管理者必须高度重视，认真做好员工招聘工作，对组织内部人员的管理要作为一项日常性的工作去做，如果一个组织在“缺人”时才想到招聘，说明这个组织还没有树立人力资源管理的意识，还没有认识到员工招聘的意义。从组织的发展来看，员工招聘的意义主要体现在以下几个方面：

(1) 员工招聘是企业生存发展的重要前提。美国钢铁大王安德鲁·卡耐基曾说过这样一句名言："如果把我的厂房设备、材料全部烧毁，但只要保住我的全班人马，几年以后，我仍将是一个钢铁大王。"IBM公司总裁和微软总裁比尔·盖茨都曾经强调过，只要有员工在，企业就可以再生或生存。对于企业来说，无论是新成立的企业还是正处于运营阶段的企业，员工是第一重要的，而员工是通过招聘渠道才能实现，员工招聘是企业生存发展的重要基础。

对于新成立的企业，即使企业的物质资源、经济资源乃至信息资源都不缺乏，但是如果不能招聘到合适的员工去经营和管理这些资源，那么这些资源也就不会产生任何价值，企业也就无法进入正常的运营。

对于正处于运营阶段的企业，无论是为了维持目前企业的发展状况还是为了拓展企业未来的发展，都需要适应不断变化的外部环境和内部环境，都需要与强有力的竞争对手进行较量，这些工作靠谁去做？当然是合适的员工，这些员工需要企业不断地从外部引进或从内部调配选拔。

(2) 员工招聘能够为企业注入新的活力。通过招聘，为组织内部配置新的员工，新员工在新的工作岗位上能够给组织带来新的行动理念、新的管理思想和新的工作模式，有利于促进企业的制度创新、管理创新和技术创新。尤其是从外部招聘的人才，不但可以弥补企业内部人力资源数量的不足，还能够为企业带来新鲜的空气，从而增强企业的创新能力。

(3) 有效的员工招聘可以减少企业培训的负担。管理经营的实践说明新招聘人员的素质高低决定着其本人今后工作的绩效好坏，新招聘人员的素质，犹如制造产品的原材料，将严重影响到今后的培训及使用效果。如果新招聘的员工素质较高，则后续的培训与开发工作就会少花精力、少花成本，经过培训效果会较好，并很可能成为优秀的人才，而相应的绩效管理工作也会进行得比较顺利，就会较少出现绩效考评方面的矛盾。如果新招聘的员工素质较低，在培训及思想教育方面要投入很多，还不一定能培训成优秀人才。

(4) 员工招聘有利于宣传组织。从组织外部看，一次成功的招聘活动就是一次成功的公关活动，对企业形象是一次非常好的宣传机会。从招聘信息的发布到最终员工的录用，都为公众和应聘人员提供了一次了解组织和展示组织形象的机会。

(三) 员工招聘的原则

(1) 遵守国家法律法规和社会公共道德的原则。企业在招聘过程中，要遵守国家、地区的相关法律法规和政策，要遵守社会公共道德。在招聘中，禁止雇佣童工，严格控制未成年人就业，要保护妇女儿童、少数民族和残疾人的合法权益，反对种族、性别、年龄、身高、党派、信仰等方面的歧视，坚持平等就业，双向选择。在录用中，应本着平等协商、共同发展的原则，不得收取押金扣押证件，不得录用还没有解除劳动合同关系的应聘者，要与应聘者签订劳动合同。

（2）坚持公平竞争的原则。只有通过公平竞争才能广泛吸引人才，使优秀人才脱颖而出，从而起到激励人才的作用。在招聘中，企业应该及时将招聘的详细信息公开发布，动员、吸引较多的人员报考，对所有报考者要一视同仁，不得人为地制造各种不平等的限制或条件（如性别歧视）和各种不平等的优先优惠政策，严格考核程序和手段，科学地录取人选，防止"拉关系""走后门""裙带风"、贪污受贿和徇私舞弊等现象的发生，通过考试竞争和考核鉴别确定人员的优劣和人选的取舍，并设立监督检举机制。

（3）坚持能岗匹配的原则。在招聘中，应该使所招聘人员的知识、经验、技能等方面与岗位相匹配，为企业引进或为各个岗位选择最合适的人员，尽量做到"量才录用、职得其才、人得其位、人尽其才"，避免出现"大才小用、小才大用"的现象。只有把合适的人放在合适的岗位上，才能充分发挥人员工作的积极性，为企业创造更好的业绩。

（4）坚持效率优先的原则。效率优先是指力争用尽可能少的费用，录用到高素质并适应企业发展需要的人员。当今社会，由于受各种因素的影响，企业都面临着人员高流动的压力，人员招聘工作任务繁重，如何保证企业能够在低成本、高效率的前提下完成大量的招聘工作，成为各企业人力资源管理工作者应该认真考虑的问题。企业在招聘中，应该尽量采用有针对性的渠道发布招募信息，选择科学合理的方法快速甄选应聘者，努力做到降低成本，提高效率。

（5）坚持德才兼备的原则。企业人才的选拔必须把品德和才能放在首要的位置，把"德才兼备"作为选人的根本依据，要优先考虑能够认同公司价值观和品德优良的人，对于那些工作能力很强，工作经验丰富，但价值观可塑性较差和投入程度不高的人员，企业在招聘中要慎重。

（6）坚持战略性原则。无论是从企业战略发展方面考虑，还是从员工职业生涯发展考虑，人才招聘工作都要具有战略性。因为对于一些稀缺人才、高科技人才、具有特殊技能的人才，企业可能目前不需要，但为企业未来着想，应当适当储备一些这样的人才。

二、面试的组织与实施

运用一定的招聘方式完成人员的招募后，要对这些人员进行系统的选拔，面试是用人单位招聘时最常用、也是必不可少的选拔人才的手段。在现代社会，越来越多的用人单位都选用这种方法。

（一）面试的含义

面试是指组织和应聘者直接见面，通过对话、提问等方式让应聘者当面回答问题，了解应聘者的业务知识水平、工作经验、求职动机、沟通能力等素质活动过程。面试可以比较全面地考察应聘者的综合素质，加强双方的交流，提高招聘的匹配率。但如果面试者的经验不足，所掌握的信息不充分，面试的结果就会有很大的偏差。因此面试能否成功，主要取决于面试者，面试者应该准确地把握面试的内容，做好面试的准备工作。

（二）面试的内容

一般而言，企业面试时可选择仪表风度、专业知识、工作实践经验、口头表达能力、综合分析能力、人际交往能力、应变能力、自我控制能力、工作态度、求职动机、上进心、业余兴趣与爱好等内容作为测评对象。

（三）面试的类型

由于面试很复杂，人们对面试按照一定的标准进行分类。根据面试的内容、方式等的不同，可以将面试划分为不同的类型，具体划分内容如下。

1. 结构化面试与非结构化面试

根据面试的标准化程度，面试可以分为结构化面试与非结构化面试。

（1）结构化面试。结构化面试是指面试题目、评分方法和评分标准、实施程序、考官构成等方面都有统一明确的规定。结构化面试由于应聘者的客观条件相同，因此具有一定的客观公正性。但是不够灵活，不能充分调整提问，以了解应聘者某些方面的信息。

（2）非结构化面试。非结构化面试是对与面试有关的因素不做任何限定，可以由面试者根据情况随时提问，鼓励应聘者多谈，再根据应聘者对问题的反应进一步提问，以考察应聘者是否具备某一职务的任职条件。由于非结构化面试类似于人们日常的非正式交谈，因此除非非结构化面试考官的个人素质极高，否则很难保证非结构化面试的效果。

2. 压力性面试与非压力性面试

根据面试时应聘者是否会承担一定的压力，可以将面试分为压力性面试与非压力性面试。

（1）压力性面试。压力性面试就是让应聘者接受一定的刺激，如挑衅性的、刁难性的等问题，将应聘者置于一种人为的紧张气氛中，以考察应聘者的应变能力、自我控制能力等。典型的压力性面试是以考官穷追不舍的方式连续就某事向应聘者提问。

（2）非压力性面试。非压力性面试是在没有压力的情景下考察应聘者有关方面的素质，主要是询问应聘者过去工作方面的情况。

3. 单独面试与集体面试

根据面试实施的方式，面试可以分为单独面试与集体面试。

（1）单独面试。单独面试是指考官与应聘者一对一的单独面谈，这是最普遍的一种面试方式，该种方式能够让面试双方较深入的交流。单独面试分为两种类型：一是由一个考官负责整个面试过程，这种面试大多用在较小规模的单位录用较低职位的人员；二是由多位考官分工负责面试的整个过程，但每次也只有一位考官与一位应聘者面谈。

（2）集体面试。集体面试是由多位考官对应聘者进行面试。这种面试中并非每一位考官都要提问，但是每一位考官都要根据面试情况对应聘者进行打分。这种方法主要用于考察应聘者的人际沟通能力、口头表达能力等。

（四）面试的基本程序

面试是考官与应聘者之间进行相互交流的过程，因此，面试的随意性较大。为了保证面试效果，提高面试的质量，一般情况下，在面试的实施过程中，应按照以下五个阶段来组织实施。

1. 准备阶段

面试前的准备阶段主要包括确定面试的目的、科学地设计面试问题、选择合适的面试类型、确定面试的时间和地点等。面试考官要明确此次面试要达到什么招聘目的，根据目的设计面试的事项和范围，并要写出面试的提纲。同时在面试前要详细了解应聘者的资料，了解应聘者的个性、社会背景等。在此基础上，选择合适的面试类型，确定面试的时间和地点，并通知面试者本人。

2. 开始阶段

面试开始阶段主要是让应聘者放松心情，慢慢进入面试状态。这个阶段要做好两个方面的工作：

（1）创造友好氛围，让应聘者放松心情。为了避免应聘者面试开始前的紧张，面试考官可以问一些简单的问题。例如，可以问一些类似的问题：路上堵车吗？从哪过来的啊？等。

（2）问基本问题，导入面试。紧张的氛围消除之后，面试考官应提问一些应聘者比较熟悉的问题，例如，让应聘者介绍一下自己的文化程度、工作经历等，以进一步缓和应聘者的紧张情绪。

3. 实施阶段

面试的实施阶段是正式面试阶段，是通过谈话与观察对应聘者能否胜任拟聘岗位的综合素质进行探询与判断的关键阶段。可以采用灵活的提问方式，交流时还应该注意应聘者的行为与反应。当然，所提问题要先易后难，尽量营造和谐的面试环境。在这个阶段，面试考官要着重收集关于应聘者是否具有胜任应聘该岗位的信息，主要包括应聘者过去的工作能力、工作业绩和工作经验。

4. 结束阶段

在这个阶段，考官还需要做好以下两个方面的工作：一是检查确认，指考官要进一步检查自己是否遗漏某些有关应聘者必须具备的素质和能力方面的问题；二是给予应聘者机会，指考官给应聘者一个机会，询问应聘者是否有问题要问，是否有要加以补充和修正之处。需要注意的是，不管录用与否，均应在友好的气氛中结束面试。

5. 评估阶段

面试结束后，对应聘者根据面试的记录表进行评估。评估可采用评语式和评分式两种评估方式。评语式评估可对应聘者的不同侧面进行深入评价，能够反映出每个应聘者的特征，但应聘者之间不能进行横向比较。而评分式评估是对每个应聘者相同的方面进行比较而进行的评估。一般情况下，可将评语式评估和评分式评估结合起来作出正确的录用决策。

（五）面试问题设计技巧

面试问题的设计对于面试的组织来说也是非常重要的。这些基本问题主要来源于所要招聘岗位的工作说明书和应聘者的个人资料。

1. 招聘岗位的工作说明书

根据招聘岗位的工作说明书，了解岗位的职责和任职要求，以此为出发点，设计一些能够反映应聘者是否具备该岗位所要求的能力的问题。这是面试问题设计中最为重要的内容。面试考官只有把握好招聘岗位的工作说明书，才能为组织招聘到优秀的人才。

2. 应聘者的个人资料

面试问题的设计还可以依据应聘者的个人资料信息，设计一些有关应聘者过去经历的问题。通过这些问题的提问，考官也能捕捉到应聘者所具备的能力。

（六）面试提问的技巧

面试过程中，有效的提问能够提高面试的效率，因此，面试主考官必须掌握一定的面试技巧。

（1）开放式提问。开放式提问是让应聘者自由地发表自己的意见，考官以此获取信息，同时还避免被动。这种提问方式一般在面试开始时运用，用于缓解面试的紧张气氛，消除应聘者的心理压力，使应聘者充分发挥自己的水平。

（2）封闭式提问。封闭式提问是让应聘者对某一问题做出明确的答复。这种提问方式表示面试考官不想让应聘者就某一问题继续谈论下去，不想让对方多发表意见。如：你曾做过办公室文秘工作吗？一般用“是”或“否”回答。

（3）假设式提问。假设式提问是鼓励应聘者从不同角度思考问题，发挥应聘者的想象能力，以探求应聘者的态度或观点。在这种提问中，考官为应聘者假设一种情况，让应聘者在这种情况下作出反应，回答提出的问题，进而来考察应聘者的工作经验、应变能力、解决问题的能力等。例如：如果你是办公室主任，办公室秘书模仿你的字迹签字，派单位车将其父母送到医院，你将如何处理这件事情？

（4）连串式提问。连串式提问就是考官向应聘者提出一连串的问题，要求应聘者逐个回答。这种提问方式主要是考察应聘者的记忆能力、归纳能力、反应能力等。

（5）举例式提问。举例式提问就是让应聘者列举符合应聘职务要求的、与其过去从事的工作相关的事例，从中总结和评价应聘者的相应能力。

（七）面试环境的布置

面试环境的布置对能否收到较好的面试效果也会产生重要的影响。握手、微笑、简单的寒暄、轻松的开场、合理舒适的座位等都是较为理想的面试环境，这样有利于营造宽松的氛围。在面试环境方面，要做到：

（1）面试的环境必须是安静的。面试地点最好不要选择考官平时的办公室，这样会有一些人员、电话的干扰。同时也要注意周边环境，不要有太大的噪声。

（2）面试考官和应聘者的位置必须是适宜的。面试中常见的位置安排有两种：一种是圆桌会议的形式，多个面试考官面对一个应聘者。一种是一对一形式，桌子按一定方式排列，面试考官与应聘者相对而坐，距离较近，这样可以缓和紧张。

（3）要注意面试环境中的颜色布置。颜色也会影响人的情绪和行为。因此，在面试过程中，要注意周围物品的颜色应当相互协调，让人产生一种舒适感。

（4）适宜的光线和温度。

（八）面试中应该注意的问题

在面试过程中，提问的技巧、环境是必须考虑的内容，除此之外，还应该注意以下几个问题：

（1）面谈要有计划性。在进行面试前，面试考官应系统地思考整个面试的过程，避免面谈过程杂乱无章、内容重复、沟通不充分、面谈控制失败等，要有计划性和目的性。即面试考官要考虑一些具体的问题：如我要达到什么目的？我要向应聘者介绍我们单位吗？允许应聘者在这段时间里提问吗？等。这些问题要在面试前做好准备。

（2）选择合适的场所。面试者要注意营造整个面谈过程的良好气氛，选择合适的场所，保持与应聘者进行轻松自如的交流，不要给应聘者造成心理压力。

（3）问题设计要合理。面试中，诸如让应聘者描述自己的能力、特点、个性的问题尽量少提，因为这种类型问题的答案难以为面试考官提供有价值的信息。应该提问应聘者一些行为性的问题，让他们举出一些具体事例来说明。

（4）面试评价要客观。面试评价是由考官根据应聘者在面试中的表现做出的，因此该评价一定会受考官主观因素的影响。在实践中，要尽量控制这种主观因素的影响，使面试评价具有客观性。但在现实招聘和选拔中，经常会看到有的考官在面试评价时主观随意，这是不可取的，这样的结果不论对于考官自己所在的单位，还是对应聘者来说都是不利的。

（5）了解应聘者的求职动机。有的面试考官将大量的精力放在测试应聘者的专业知识和专业技能上，而忽略了应聘者的求职动机。如果应聘者对应聘的工作持消极的态度，或者他对工作本身没有任何的兴趣，这种求职动机必然会影响到工作，甚至会带来严重的负面影响，所以，面试考官在面试中一定要注意考察应聘者的求职动机。

三、人才测评

人才测评是通过一系列科学的手段和方法对人的基本素质及其绩效进行测量和评定的活动，并将其应用在组织发展与人才管理等企业管理领域。人才测评的具体对象不是抽象的人，而是作为个体存在的人其内在素质及其表现出的绩效。

（一）人才素质的内涵

人才的素质有六个层面：分别是知识（Knowledge）、技能（Skill）、社会角色（Social Roles）、自我概念（Self－Concept）、特质（Traits）以及动机（Motives）。“素质冰山模型”如图2-1所示，就是在此基础上把个体素质形象地描述为漂浮在海面上的冰山，其中知识和技能是属于裸露在水面上的表层部分，这部分是对任职者基础素质的要求，但它不能把表现优异者与表现平平者区别开来，这一部分也称为基准性素质（Threshold Competence）。基准性素质是容易被测量和观察的，因而也是容易被模仿的。内驱力、社会动机、个性品质、自我形象、态度等属于潜藏于水下的深层部分的素质，这部分称为鉴别性素质（Differentiating Competence）。基准性素质和鉴别性素质是区分绩效优异者与平庸者的关键因素。职位越高，鉴别性素质的作用比例就越大。一方面，内驱力、社会动机、个性品质、自我形象、态度等“冰山以下的部分”不太容易通过外界的影响而得到改变；另一方面，它们却对人的行为与表现起着关键性的作用。

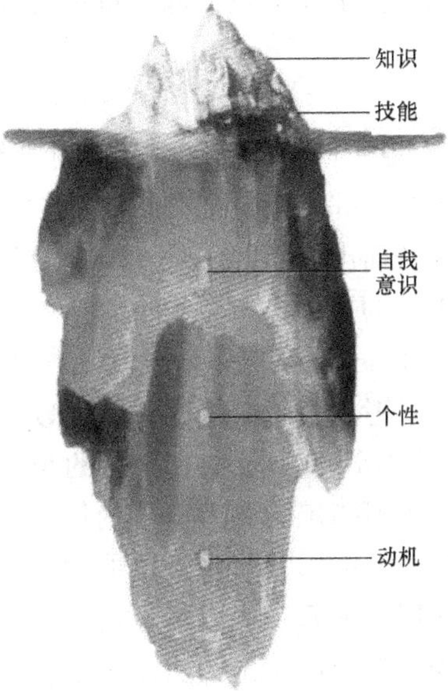

图 2-1　素质冰山模型

（二）评价中心技术

评价中心技术在第二次世界大战后迅速发展起来，它是现代人事测评的一种主要形式，被认为是一种针对高级管理人员的最有效的测评方法。它由多个评价人员，针对特定的目的与标准，使用多种主客观评价方法，对被试者的各种能力进行评价，为组织选拔、提升、鉴别、发展和训练个人服务。

评价中心的最大特点是注重情景模拟，在一次评价中心中包含多个情景模拟测验，可以说评价中心既源于情景模拟，但又不同于简单情景模拟，是多种测评方法的有机结合。评价中心具有较高的信度和效度，得出的结论质量较高，但与其他测评方法比较，评价中心需投入很大的人力、物力，且时间较长，操作难度大，对测试者的要求很高。

现代人才测评理论认为：人的行为和工作绩效都是在一定的环境中产生和形成的。对人的行为、能力、绩效等素质特征的观察与评价，不能脱离一定的环境。所以，要想准确地测评一个人的素质，应将其纳入一定的环境系统中，观察、分析、评定被试人的行为表现以及工作绩效，从而考察其全面素质。基于这种理论，人们逐步形成和发展了评价中心这种现代人才测评的新方法。评价中心测评法将各种不同的素质测评方法相互结合，通过创设一种逼真的模拟管理系统和工作场景，将被试人纳入该环境系统中，使其完成该系统环境下对应的各种工作。在这个过程中，主试人采用多种测评技术和方法，观察和分析被试人在模拟的各种情景压力下的心理、行为、表现以及工作绩效，以测量评价被试人的管理能力和潜能等素质。

1. 无领导小组讨论

无领导小组讨论指由一组应试者组成一个临时工作小组，讨论给定的问题，并做出决策。由于这个小组是临时拼凑的，并不指定谁是负责人，目的就在于考察应试者的表现，尤其是看谁会从中脱颖而出，但并不是一定要成为领导者，因为那需要真正的能力与信心，还需有十足的把握。

无领导小组讨论（Leaderless Group Discussion）是评价中心技术中经常使用的一种测评技术，采用情景模拟的方式对考生进行集体面试。无领导小组它是通过一定数目的考生组成一组（6~9 人），进行一小时左右时间的与工作有关问题的讨论，讨论过程中不指定谁是领导，也不指定受测者应坐的位置，让受测者自行安排组织，评价者来观测考生的组织协调能力、口头表达能力、辩论的说服能力等各方面的能力和素质是否达到拟任岗位的要求，以及自信程度、进取心、情绪稳定性、反应灵活性等个性特点是否符合拟任岗位的团体气氛，由此来综合评价考生之间的差别。

2. 头脑风暴法

头脑风暴法出自头脑风暴（Brain-storming）一词。最早是精神病理学上的用语，指精神病患者的精神错乱状态而言的，现在转而为无限制的自由联想和讨论，其目的在于产生新观念或激发创新设想。头脑风暴法又称智力激励法、BS法、自由思考法，是由美国创造学家 A. F. 奥斯本于 1939 年首次提出、1953 年正式发表的一种激发性思维的方法。此法经各国创造学研究者的实践和发展，已经形成了一个发明技法群，例如奥斯本智力激励法、默写式智力激励法、卡片式智力激励法等。

当一群人围绕一个特定的兴趣领域产生新观点的时候，这种情境就称为头脑风暴。由于团队讨论使用了没有拘束的规则，人们就能够更自由地思考，进入思想的新区域，从而产生很多的新观点和问题解决方法。当参加者有了新观点和想法时，他们就大声说出来，然后在他人提出的观点之上建立新观点。所有的观点被记录下但不进行批评。只有头脑风暴会议结束的时候，才对这些观点和想法进行评估。头脑风暴的特点是让参会者敞开思想使各种设想在相互碰撞中激起脑海的创造性风暴，其可分为直接头脑风暴和质疑头脑风暴法，前者是在专家群体决策基础上尽可能激发创造性，产生尽可能多的设想的方法，后者则是对前者提出的设想，方案逐一质疑，发现其现实可行性的方法，这是一种集体开发创造性思维的方法。

3. 公文筐测试

公文筐测试，又称为文件处理测试、篮中训练法（In-basket）。它将被评价者置于特定职位或管理岗位的模拟环境中，由评价者提供一批该岗位经常需要处理的文件，要求被评价者在一定的时间和规定的条件下处理完毕，并且还要以书面或口头的方式解释说明这样处理的原则和理由，是评价中心中最常用和最核心的技术之一。

公文处理测试通过对应试者的计划、授权、预测、决策、沟通等方面能力，特别是针对应试者综合业务信息，审时度势全面把握、运筹自如的素质的考察，来考察其作为高层管理者综合性管理技能，尤其是考察经理一级管理者的胜任能力。在实践中，公文处理测试主要用作评价、选拔管理人员培训，提高管理人员的管理技巧、解决人际冲突和组织内各部门间的摩擦的技巧，以及人力资源计划和组织设计提供信息当中。

4. 管理游戏

管理游戏又称为管理竞赛，是指几组管理人员利用计算机来模拟真实的公司经营，并作出各自的决策来互相竞争的一种开发方法。在管理竞赛中，将受训者分为5~6个公司；每个公司都要在激烈的模拟市场竞争中与其他公司进行各种形式的博弈；每个公司设立一个明确的目标并得知自己可以作出几个决策；每个公司对其他公司的决策情况不能看到，尽管这些决策会对它们的销售状况产生影响。

管理游戏是一种良好的人力资源开发手段，它帮助受训者挖掘其解决问题的技能，帮助他们将注意力集中在制定公司规划上，而不是集中在临时事务的应付上。公司通常也选择它们自己的管理人员并开发它们自己的工作部门，因此这种游戏可以用于开发领导能力、培养合作及团队精神。它能够突破实际工作情境时间与空间的限制，具有趣味性，能使参与者马上获得客观的反馈信息，具有认知社会关系的功能，能帮助参与者对错综复杂的组织内部和各单位之间的相互关系有个更加深刻的了解。

5. 角色扮演法

角色扮演（Role-playing）是一种情景模拟活动。所谓情景模拟就是指根据被试者可能担任的职务，编制一套与该职务实际根据相似的测试项目，将被试者安排在模拟的、逼真的工作环境中，要求被试者处理可能出现的各种问题，用多种方法来测评其心理素质、潜在能力的一系列方法。情景模拟假设解决方法往往有一种以上，其中角色扮演法是情景模拟活动应用的比较广泛的一种方法，其测评主要是针对被试者明显的行为以及实际的操作，另外还包括两个以上的人之间相互影响的作用。

角色扮演理论是以米德的角色理论和班杜拉的社会学习理论为基础发展起来的。总的来说，既是要求被试者扮演一个特定的管理角色来观察被试者的多种表现，了解其心理素质和潜在能力的一种测评方法，又是通过情景模拟，要求其扮演指定行为角色，并对其行为表现进行评定和反馈，以此来帮助其发展和提高行为技能最有效的一种培训方法。

6. 案例分析法

案例分析法（Case Analysis Method），又称为个案研究法，是由哈佛大学于1880年开发完成，后被哈佛商学院用于培养高级经理和管理精英的教育实践，逐渐发展为今天的案例分析法。哈佛大学的案例分析法开始时只是作为一种教育技法用于高级经理人及商业政策的相关教育实践中，后来被许多公司借鉴过来成为用于培养公司企业得力员工的一种重要方法。案例分析法是指把实际工作中出现的问题作为案例，交给受训学员研究分析，培养学员们的分析能力、判断能力、解决问题及执行业务能力的培训方法。通过使用这种方法对员工进行培训，能明显地增加员工对公司各项业务的了解，培养员工间良好的人际关系，提高员工解决实际问题的能力，增加公司的凝聚力和向心力。

四、职业兴趣与职业倾向

兴趣是一种无形的动力，每个人都会对他感兴趣的事物给予优先注意和进行积极的探索，并表现出心驰神往。职业兴趣是一个人对待工作的态度，对工作的适应能力，表现为有从事相关工作的愿望和兴趣，拥有职业兴趣将增加个人的工作满意度、职业稳定性和职业成就感。职业兴趣是兴趣在职业方面的表现，是指人们对某种职业活动具有的比较稳定而持久的心理倾向，使人对某种职业给予优先注意，并向往之。职业兴趣是个人进行职业规划时需要注意的15大要素之一，兴趣对一个人的个性形成和发展，对一个人的生活和活动有巨大的作用。

兴趣测验的研究可以追溯到20世纪初，美国心理学家桑代克于1912年对兴趣和能力的关系进行了探讨。1915年，美国心理学家詹穆士发展了一个关于兴趣的问卷，标志着兴趣测验的系统研究的开始。1927年，美国心理学家斯特朗编制了斯特朗职业兴趣调查表，是最早的职业兴趣测验。美国心理学家库德又在1939年发表了库德爱好调查表。

1953年，美国霍普金斯大学心理教授约翰·霍兰德（John Holland）编制了职业偏好量表，并在此基础上发展了自我指导探索，据此提出了“人格特质与工作环境相匹配”的理论，最终于1982年编撰完成Holland职业兴趣代码字典，如图2-2所示。

（一）社会型

共同特征：喜欢与人交往、不断结交新的朋友、善言谈、愿意教导别人。关心社会问题、渴望发挥自己的社会作用。寻求广泛的人际关系，比较看重社会义务和社会道德。

典型职业：喜欢要求与人打交道的工作，能够不断结交新的朋友，从事提供

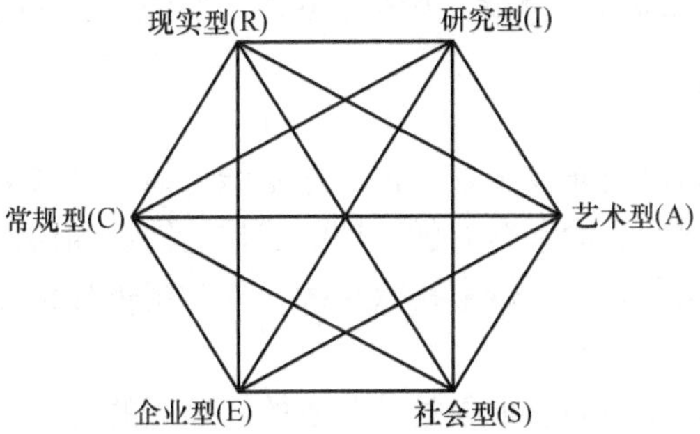

图 2-2　霍兰德职业兴趣测评类型

信息、启迪、帮助、培训、开发或治疗等事务，并具备相应能力。如：教育工作者（教师、教育行政人员），社会工作者（咨询人员、公关人员）。

（二）企业型

共同特征：追求权力、权威和物质财富，具有领导才能。喜欢竞争、敢冒风险、有野心、抱负。为人务实，习惯以利益得失，权利、地位、金钱等来衡量做事的价值，做事有较强的目的性。

典型职业：喜欢要求具备经营、管理、劝服、监督和领导才能，以实现机构、政治、社会及经济目标的工作，并具备相应的能力。如项目经理、销售人员，营销管理人员、政府官员、企业领导、法官、律师。

（三）常规型

共同特点：尊重权威和规章制度，喜欢按计划办事，细心、有条理，习惯接受他人的指挥和领导，自己不谋求领导职务。喜欢关注实际和细节情况，通常较为谨慎和保守，缺乏创造性，不喜欢冒险和竞争，富有自我牺牲精神。

典型职业：喜欢要求注意细节、精确度、有系统有条理，具有记录、归档、据特定要求或程序组织数据和文字信息的职业，并具备相应能力。如：秘书、办公室人员、记事员、会计、行政助理、图书馆管理员、出纳员、打字员、投资分析员。

（四）现实型

共同特点：愿意使用工具从事操作性工作，动手能力强，做事手脚灵活，动作协调。偏好于具体任务，不善言辞，做事保守，较为谦虚。缺乏社交能力，通常喜欢独立做事。

典型职业：喜欢使用工具、机器，需要基本操作技能的工作。对要求具备机械方面才能、体力或从事与物件、机器、工具、运动器材、植物、动物相关的职业有兴趣，并具备相应能力。如：技术性职业（计算机硬件人员、摄影师、制图员、机械装配工)，技能性职业（木匠、厨师、技工、修理工、农民、一般劳动)。

（五）研究型

共同特点：思想家而非实干家，抽象思维能力强，求知欲强，肯动脑，善思考，不愿动手。喜欢独立的和富有创造性的工作。知识渊博，有学识才能，不善于领导他人。考虑问题理性，做事喜欢精确，喜欢逻辑分析和推理，不断探讨未知的领域。

典型职业：喜欢智力的、抽象的、分析的、独立的定向任务，要求具备智力或分析才能，并将其用于观察、估测、衡量、形成理论、最终解决问题的工作，并具备相应的能力。如科学研究人员、教师、工程师、电脑编程人员、医生、系统分析员。

（六）艺术型

共同特点：有创造力，乐于创造新颖、与众不同的成果，渴望表现自己的个性，实现自身的价值。做事理想化，追求完美，不重实际。具有一定的艺术才能和个性。善于表达、怀旧、心态较为复杂。

典型职业：喜欢的工作要求具备艺术修养、创造力、表达能力和直觉，并将其用于语言、行为、声音、颜色和形式的审美、思索和感受，具备相应的能力。不善于事务性工作。如艺术方面（演员、导演、艺术设计师、雕刻家、建筑师、摄影家、广告制作人)，音乐方面（歌唱家、作曲家、乐队指挥)，文学方面(小说家、诗人、剧作家)。

然而，大多数人都并非只有一种性向（比如，一个人的性向中很可能是同时包含着社会性向、实际性向和调研性向这三种)。霍兰德认为，这些性向越相似，相容性越强，则一个人在选择职业时所面临的内在冲突和犹豫就会越少。

员工的工作满意度与流动倾向性，取决于个体的人格特点与职业环境的匹配程度。当人格和职业相匹配时，会产生最高的满意度和最低的流动率。例如，社会型的个体应该从事社会型的工作，社会型的工作对现实型的人则可能不合适，这一模型的关键在于：个体之间在人格方面存在着本质差异；个体具有不同的类型；当工作环境与人格类型协调一致时，会产生更高的工作满意度和更低的离职可能性。

【案例详情】500强公司的特殊面试，你遇到过哪一种

一、假日酒店的奇怪面试提问——你会打篮球吗？

假日酒店在某次面试环节，向求职者提出了一个奇怪的面试提问：你会打篮

球吗？让很多求职者都觉得十分意外，而且也不知道回答“是”或“否”哪个更为合适。其实，假日酒店认为，那些喜爱打篮球的人，或者说有运动爱好的求职者，一般性格外向、身体健康，而且充满活力、富于激情，这与酒店的企业文化较为契合。

假日酒店作为崇尚服务至上的企业，要求员工要有亲和力、饱满的干劲和朝气蓬勃，如果一个员工缺乏兴趣、死气沉沉，这既是对公司的不负责，也是对客人的不尊重。

二、日产公司的奇特面试环节——请你吃饭

日产公司作为日本知名汽车制造企业之一，向来对员工有更高的要求标准。“请你吃饭”的面试环节安排，其实是日产公司希望通过用餐实现对求职者的进一步测评。日产认为，那些吃饭迅速快捷的员工，一方面说明其肠胃功能好，身强力壮；另一方面也能体现他们做事的效率和风格。一般吃饭“高效”的员工，往往干事风风火火，富有魄力，而这正是公司所需要的。

因此，对于每一位前来应聘的求职者，日产公司都要进行一项专门的“用餐速度”考试，招待应聘者一顿难以下咽的饭菜，主考官还会在一旁“好心”地叮嘱你慢慢吃，用完餐后再到办公室接受下一关面试，而那些慢腾腾吃完饭的求职者往往会被通知面试失败，得到离开的通知单。

三、壳牌石油的华丽面试——参加鸡尾酒会

卓越的求职者往往使用人单位难以借助常规的面试来准确识别和区分，这时需要进阶的面试安排才能真正实现“慧眼识英雄”。壳牌公司就是通过邀请应聘者参加一场鸡尾酒会来解决这一难题的。

在鸡尾酒会上，壳牌公司的高层管理都会被邀请参加，由这些应聘者与公司高管自由交谈。酒会后，由高管根据自己的观察和判断，推荐合适的应聘者参加下一轮面试。只有那些现场表现突出、气度不凡、有组织能力、善于社交和沟通的求职者才能得到下一轮公司面试的机会。

四、美电报电话公司的繁琐面试——整理公文筐

美电报电话公司在面试储备经理时，先给应聘者一个文件筐，要求他们将所有杂乱无章的文件资料，分门别类地存放于文件筐中，并在规定的时间内完成。其实，现场的文件资料数量极多，一般情况下应聘者不可能完成这项繁琐的面试任务。公司只是借此环节，细致观察应聘者是否具有应变处理能力，是否分得清轻重缓急，以及在办理具体事务时是否条理分明。最终，只有那些临危不乱、作风干练者才能得到较高的评价，获得高分并进入下一轮复试。

五、统一公司的招牌面试——打扫卫生间

统一公司一向要求员工具备吃苦耐劳的工作精神和脚踏实地的工作作风。因此，凡来公司应聘者，公司都会先分发一个拖把去打扫卫生间，这项面试甚至成为了统一公司的“金字招牌”。在这项面试安排中，那些不接受打扫卫生间工作的，或者只是敷衍了事，草草收场的求职者都不予录用。统一公司认为，企业的一切利润都来自员工的艰苦劳动付出，不敬业就是隐藏在公司内部的“敌人”，自然就做不了“朋友”和“家人”了。

六、高盛公司的烧脑面试——蚂蚁与棍子

高盛公司是一家国际领先的投资银行，向全球提供广泛的投资、咨询和金融服务。如何挖掘有潜力的员工成为了公司面试环节的关键。下面这道思维题便是最好的佐证。

一根棍子上面有无数只蚂蚁，假设两只蚂蚁碰到之后就会180度调头反向前进，碰到，再调头，直到棍子的某一头，然后掉下来；然后再假设1只蚂蚁从棍子的这头到那头一共需要5分钟，那么问题是：需要多少时间，这根棍子上所有的蚂蚁会掉下来？

你是否有答案了呢？

【案例思考】如何在面试前做好充分的准备

不管是初入职场的小白，还是屡经职场的老手，面试前都需要做好充足的准备。为准备面试投入的精力，算得上是整个职场中投入回报比最高的一次投资了。那么面试前要做哪些准备呢？需要准备好以下几方面：

一、提前了解公司和职位

在每一次面试之前，都应当至少用半个小时的时间去了解应聘公司。了解应聘公司的概况和岗位要求时，可以从以下工作着手：搜索公司的媒体报道，访问它的官网，再一次认真研究职位的介绍，这是最基本的；关注公司的微信公众号，下载它的APP注册成为它的用户，还可以用企查查和天眼查这类平台，进一步了解公司的股权结构以及股东的情况；另外可以通过朋友或者校友关系找到已经在里面工作的人，让他们提供一些内部信息，提前了解工作内容和公司氛围等。

二、事先准备常见的面试问题

试想下周有一个考试，并且大家已经知道其中80%的题目，那么带着答案去

的人，比没有准备答案的人就有更大的优势了。面试常见的情形有：HR 通常提及哪些面试问题？应该如何作答？面试时如何自我介绍？被问及陌生或不擅长领域的问题，如何巧妙回复？等。

三、调整心态和情绪

在面试中，最容易让求职者们出现负面情绪的，应该是被问到“为什么从上一家公司离职？”很多人被问到“为什么对新的公司感兴趣”时支支吾吾，但一说到为什么要离开上一家公司的时候就滔滔不绝，各种不满和吐槽就出来了。甚至有应届生会吐槽自己的学校和专业，表示也学不到什么东西。这些有可能都是内心真实的想法，也的确存在一些不称职的领导和不负责的学校，但是面试不是用来表达情绪的场合，保持一个积极和正能量的情绪是面试的基本。

四、准备合适的着装

关于面试着装，有三点注意事项：合群、保守、自信。

（1）合群。求职者的穿着打扮要与面试公司的基本穿着风格一致，并且可以稍微比他们更正式一点。如果是去面试那些互联网公司，他们的员工可能平时就穿个短裤拖鞋去上班。那么求职者可以比他们正式一点，可以穿个长裤 T 恤，但不要穿西装或者职业装了，这样会显得与他们的氛围格格不入。

（2）保守。在面试之前，没有办法知晓面试官的喜好，因此在打扮上要尽量保守，切勿过于夸张和暴露，让面试官专注于知识、经历和技能的展示，而非求职者的穿着打扮。

（3）自信。其实，面试与一场相亲类似，保持干净整洁是基本礼仪。穿上自己最喜欢的衣服和一身自己最喜欢的打扮，会增加求职者面试时的自信程度。面试过程中，求职者的自信程度往往会起到事半功倍的效用。自信能够让你思路清晰、语速适中、回答精准。自信不仅使求职者体现较高的职业水准和自我素养，特别是在被提及一些刁钻问题时，自信往往为求职者的回答获得加分。而且，求职者的自信还能够让面试考官留下最好的印象，“不自信”被认为是面试环节中最糟糕的因素之一。

五、常见面试提问的视角

（一）口头表达能力（语言逻辑性、用语修辞度、口头禅、语言波幅等）

（1）请您先用 3~5 分钟的时间介绍一下自己。

（2）请您先说说最近服务的这家公司（由简历而定）的基本情况。

（3）您在之前工作岗位中主要有哪些工作内容？主要的客户有哪些？

(4) 请您简要介绍一下自己的求学经历。

(5) 请您简要介绍一下自己的成长历程。

(二) 灵活应变能力 (涉及工作态度等)

(1) 您为何要离开目前服务的这家公司?

(2) 除了简历上的工作经历, 您还会去关注哪些领域?

(3) 您在选择工作中更看重的是什么?

(4) 您觉得在以前类似于本公司提供的这个岗位上的工作经历中有哪些方面做得不足?

(5) 您认为现在的职场面临着"千里马常有, 而伯乐不常有"的状态吗?

(三) 兴趣爱好 (知识广博度、情商等)

(1) 您工作之余有哪些兴趣爱好? 兴趣中哪些比较擅长?

(2) 您在大学所设的专业课中最感兴趣的是哪一门? 为什么?

(3) 您是怎样理解自然科学 (比如数学) 与社会科学 (比如说政治、经济学) 之间的关联或者两者有何异同?

(4) 就您个人的理解谈谈对我们公司所处行业的前景和生存途径。

(5) 谈谈您目前想去学习或弥补的知识。

(6) 如果让您重新选择一次, 您对自己的专业领域会有所改变吗?

(四) 情绪控制力 (承压能力、抗受挫能力等)

(1) 我们的工作与生活历程并不是一帆风顺的, 谈谈您的工作或生活或求学经历中出现的挫折或低潮期, 您是如何克服的?

(2) 请您举一个您亲身经历的事例来说明您对困难或挫折有一定的承受力。

(3) 假如你的上司是一个非常严厉、领导手腕强硬, 时常给您巨大压力的人, 您觉得这种领导方式对您有何利弊?

(4) 您的领导给您布置了一项您以前从未触及过的任务, 您打算如何去完成它?

(5) 您是否有过失业或暂时待业经历, 谈谈那时的生活态度和心情状态。

(6) 您有没有过在感情上的失败或不顺利经历, 它对您那时和现在的生活有什么样的影响?

(7) 假如您喜欢上了一个人, 但您对他 (她) 表白后受到拒绝并说你们是不可能的, 拒绝的原因是她已有女 (男) 朋友, 但他 (她) 也并不讨厌你, 接下来您将采取什么行动?

(8) 假如在公众场合中, 有一个人有意当众揭您的短处或您的隐私, 您怎样去处理？

（9）谈谈您以往职业生涯中最有压力的一、两件事，并说说是如何克服的。

（10）谈谈您以往职业生涯中令您有成就感的一、两件事，并说说它给您的启示。

（五）上进心与自信心（自我规划、价值观等）

（1）谈谈您求学经历中令您感到成功的事例及成功的因素。

（2）说说您对成功的看法。

（3）您认为自己有什么资格来胜任这份工作？

（4）说说您未来的职业定位计划。

（5）您如何看待学校的学习与工作中的学习的区别。

（6）谈谈您最近的“充电”经历，并说说它对您的益处。

（7）您怎样看待游戏中的输赢。

（8）谈谈您认真追求过的一件事或一个人，并说说过程和结果。

（9）有人说：满足感÷欲望＝幸福或成功，即幸福是个人偏好的满足程度，举例来说，一个儿女满堂、子女孝敬的老人，他认为自己与李嘉诚有同样的成功感，您怎样理解？

（六）责任感与归属意识（全局观、管理思维等）

（1）请描述一下您以往所就职公司中您认为最适合您自己的企业文化的特点。

（2）您的下属未按期完成您所布置给他的任务，如果您的上司责怪下来，您认为这是谁的责任，为什么？

（3）描述一下您对上司所布置任务的完成思想与过程。

（4）当您所在的集体处于竞争劣势时，您有什么想法和行动？

（5）往往跨组织的任务中，由于涉及过多成员，最后易形成“责任者缺位”现象，您如果身处其境，会是什么心态？

（6）您每一次离职时有没有过失落感？您跟过去就职过的公司的一、两个上司或同事还有联系吗？并说说他们目前的处境。

（七）管理能力

1. 领导与指挥

（1）请问您在求学经历中参加过哪些社团组织或参加过哪些公益活动，您在其中扮演什么角色？

（2）课堂上您对老师的讲解有所疑惑，您是采取何种方式去消除这种疑惑的？

他公司工作的同学每个月少了1000元人民币，李某因此最近产生了离职的念头。

思考：人才选拔的依据。

一、工作经验作为选拔人员的唯一评定依据是否恰当？

（1）经验与工作业绩的关系，在理论研究中，并未得到完全验证。从胜任素质理论来看，对工作业绩具有预测作用的往往是那些潜在的、深层次的特征。而经验是可见表象。实际上，动机、能力、专业水平、企业文化的匹配度都是更为关键的因素。因此该公司将工作经验作为唯一评定依据的做法是不够全面的。同时，公司总是招聘有工作经验的人才，无疑失去了自己培养人才的机会。刚刚毕业的学生，具有可塑性，这一优势并没有利用起来。

（2）公司应在用人理念和人才标准方面建立自己的原则和思路，职业化、专业化、年轻化是一种很好的提法，并符合公司的行业背景和发展要求。职业化在选拔面试中，重在考察应聘人员是否有大企业的工作背景，是否在行为举止、礼貌礼仪和外形气质上具备职业化的形象；同时，在会谈和以往工作经历中反映出敬职敬业，感恩心态等职业化的内在气质。专业化主要从应聘者是否有专业化的教育背景，同行业或同岗位的工作经历，根据岗位的要求不同，应该分层次地提出专业化的不同年限的工作经历要求。年轻化在招聘中往往表现在对不同层次的岗位，有对应性的年龄高限要求。

二、如何分析和评价候选人的创新能力？

（1）创新能力与年龄有一定的关联性，所以整个人才队伍的年轻化可以在某种程度上保持较强的创新能力。

（2）在具体人才选拔过程中，结构化面试可以反映出被试者的逆向思想，发散思维，逻辑思维等不同的创新思维水平，进而可以分析和评价候选人的创新能力。

（3）基于过去事件经历的行为描述面试方法也可以很好地考察候选人的创新能力。比如请你描述一件证明你具有创新能力的事情，请描述详细过程，包含事情的起因、发展、结果、影响面、涉及相关人物，你当时的感受和想法等。

【拓展思考】

1. 作为应届毕业生，如何在面试过程中准备“1分钟”的自我介绍？

2. 作为用人单位负责面试的招聘HR，应关注求职者的哪些方面？

案例三　无领导小组讨论：一车过期面包

【背景知识】无领导小组讨论

一、无领导小组讨论的内涵

无领导小组讨论指由一组应试者组成一个临时工作小组，讨论给定的问题，并做出决策。由于这个小组是临时拼凑的，并不指定谁是负责人，目的就在于考察应试者的表现，尤其是看谁会从中脱颖而出，但并不是一定要成为领导者，因为那需要真正的能力与信心，还需有十足的把握。

无领导小组讨论（Leaderless Group Discussion）是评价中心技术中经常使用的一种测评技术，依据"冰山模型"和"洋葱模型"如图2-1、图3-1所示，采用情景模拟的方式对考生进行集体面试。无领导小组是通过一定数目的考生组成一组（6～9人），进行一小时左右时间的、与工作有关问题的讨论，讨论过程中不指定谁是领导，也不指定受测者应坐的位置，让受测者自行安排组织，评价者来观测考生的组织协调能力、口头表达能力、辩论的说服能力等各方面的能力和素质是否达到拟任岗位的要求，以及自信程度、进取心、情绪稳定性、反应灵活性等个性特点是否符合拟任岗位的团体气氛，由此来综合评价考生之间的差别。

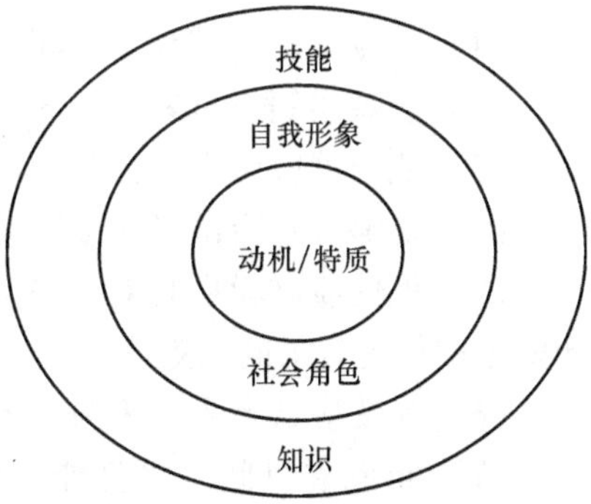

图3-1　洋葱模型

二、无领导小组讨论的功能

无领导小组讨论是评价中心技术中经常使用的一种测评技术。评价者或者不给考生指定特别的角色（不定角色的无领导小组讨论），或者只给每个考生指定一个彼此平等的角色（定角色的无领导小组讨论），但都不指定谁是领导，也不指定每个考生应该坐在哪个位置，而是让所有考生自行排位、自行组织。面试官不参与讨论，只是对每个受测者在讨论中的表现进行观察（可以通过专门的摄像设备），对受测者的各个考察要素进行评分，从而对其能力、素质水平做出判断。

小组讨论的参与者得到相同的信息，但是都未被分配角色，大家地位平等，要求他们分析有关信息并提出一个最终的解决方案，检测考生的组织协调能力、口头表达能力、辩论能力/说服能力、情绪稳定性、处理人际关系的技巧、非言语沟通能力（如面部表情、身体姿势、语调、语速和手势等）等各个方面的能力，以及自信程度、进取心、责任心、灵活性、情绪控制等个性特点和行为风格。

无领导小组讨论适用于挑选具有领导潜质的人或某些特殊类型的人群，如今其适用对象越来越广泛，不仅局限于“中高层管理者”，而且在校园招聘、公务员考试等，都在使用无领导小组讨论的技术，大致原则是适用于那些经常与“人”打交道的岗位，如中高层管理人员、人力资源管理人员、行政管理人员、营销人员等，对于基层作业、生产类员工不太适用。

三、无领导小组讨论的特点

（一）优点

（1）能测试出笔试和单一面试所不能检测出的能力或者素质。

（2）能观察到应试者之间的相互作用。

（3）能依据应试者的行为特征来对其进行更加全面、合理的评价。

（4）能够涉及应试者的多种能力要素和个性特质。

（5）能使应试者在相对无意之中暴露自己各个方面的特点，因此预测真实团队中的行为有很高的效度。

（6）能使应试者有平等的发挥机会从而很快地表现出个体上的差异。

（7）能节省时间，并且能对竞争同一岗位的应试者的表现进行同时比较（横向对比）。

（8）应用范围广，能应用于非技术领域、技术领域、管理领域和其他专业领域等。

（二）缺点

（1）对测试题目的要求较高。

（2）对考官的评分技术要求较高，考官应该接受专门的培训。

（3）对应试者的评价易受考官各个方面特别是主观意见的影响（如偏见和误解），从而导致考官对应试者评价结果的不一致。

（4）应试者有存在做戏，表演或者伪装的可能性。

（5）指定角色的随意性，可能导致应试者之间地位的不平等。

（6）应试者的经验可以影响其能力的真正表现。

四、无领导小组讨论的问题类型

（一）开放式问题

所谓开放式问题，是其答案的范围可以很广、很宽。主要考察应试者思考问题时是否全面，是否有针对性，思路是否清晰，是否有新的观点和见解。例如：你认为什么样的领导是好领导。关于此问题，应试者可以从很多方面例如领导的人格魅力、领导的才能、领导的亲和力、领导的管理取向等方面来回答，可以列出很多的优良品质。开放式问题对于评价者来说，容易出题，但是不容易对应试者进行评价。因为，此类问题不太容易引起应试者之间的争辩，所考察应试者的能力范围较为有限。

（二）两难问题

所谓两难问题，是让应试者在两种互有利弊的答案中选择其中的一种。主要考察应试者分析能力、语言表达能力以及说服力等。例如：你认为以工作取向的领导是好领导呢，还是以人为取向的领导是好领导。一方面此类问题对于应试者而言，不但通俗易懂，而且能够引起充分的辩论；另一方面对于评价者而言，不但在编制题目方面比较方便，而且在评价应试者方面也比较有效。但是，此种类型的题目需要注意的是两种备选答案一定要有同等程度的利弊，不能是其中一个答案比另一个答案有很明显的选择性优势。

（三）多项选择问题

此类问题是让应试者在多种备选答案中选择其中有效的几种或对备选答案的重要性进行排序，主要考察应试者分析问题实质，抓住问题本质方面的能力。此类问题对于评价者来说，比较难于出题目，但对于评价应试者各个方面的能力和人格特点则比较有利。

（四）操作性问题

操作性问题，是给应试者一些材料，工具或者道具，让他们利用所给的这些材料，设计出一个或一些由考官指定的物体来。主要考察应试者的主动性，合作能力以及在一实际操作任务中所充当的角色。如给应试者一些材料，要求他们相互配合，构建一座铁塔或者一座楼房的模型。

此类问题，在考察应试者的操作行为方面要比其他方面多一些，同时情景模拟的程度要大一些，但考察言语方面的能力则较少，考官还必须很好地准备所能用到的一切材料，对考官的要求和题目的要求都比较高。

（五）资源争夺问题

此类问题适用于指定角色的无领导小组讨论，是让处于同等地位的应试者就有限的资源进行分配，从而考察应试者的语言表达能力。分析问题能力，概括或总结能力，发言的积极性和反应的灵敏性等。如让应试者担当各个分部门的经理，并就有限数量的资金进行分配，因为要想获得更多的资源，自己必须要有理有据，必须能说服他人，所以此类问题可以引起应试者的充分辩论，也有利于考官对应试者的评价，但是对讨论题的要求较高，即讨论题本身必须具有角色地位的平等性和准备材料的充分性。

五、无领导小组讨论的实施

无领导小组讨论一般安排 30~60 分钟，一般按下列步骤进行实施。

（一）准备阶段

（1）指导语：要有统一的明确的指导语，以免在组与组的应试者之间造成不匹配，没有可比性。

（2）安排场地：为使所有的应试者处于同等地位，无领导小组讨论应该用圆桌，而不要用方桌，使用方桌容易使得相对而坐的人有对立感。

（3）选择题目：无领导小组讨论常用的题型有五类，在出题难度、评价难度方面略有不同，包括开放式问题、两难问题、多项选择的问题、操作性问题和资源争夺问题。一般来说，选择能够引发小组成员较激烈的争论的题目比较好。

（二）具体实施阶段

面试官给受测者提供必要的资料、交代问题的背景和讨论的要求后，一定不要参与提问、讨论或者回答应试者的问题，以免给应试者暗示。整个讨论过程可用摄像机监测、录像。

整个讨论可以分为三个阶段：

第一阶段：面试官宣读试题，受测者了解试题，独立思考，列出发言提纲，一般规定为 5 分钟左右；

第二阶段：应试者轮流发言阐述自己的观点；

第三阶段：应试者自由发言，不但阐述自己的观点，而且对别人的观点提出意见，最后达成某一协议。

在时间上要求单个应试者单次发言时间不要过长。

（三）评价阶段

至少要有两名以上评价者，相互检查评价结果；

评价者应对照计分表所列条目仔细观察应试者的各项表现；

评价者一定要克服对受测者的第一印象，不能带有民族、种族、性别、年龄、资历等方面的成见；

评价者对应试者的评价一定要客观、公正，以事实为依据。

（四）总结阶段

在进行无领导小组讨论后，所有考官都要撰写评定报告，内容包括此次讨论的整体情况、所问的问题内容以及此问题的优缺点，主要说明每个应试者的具体表现，自己的建议，以及最终录用意见等。

六、无领导小组讨论测评要点

(1) 考察应试者举止仪表：应试者的体格外貌、穿着举止、精神状态。

(2) 考察应试者在团队中与他人发生关系时所表现出的能力，主要有语言和非语言的沟通能力、说服能力、影响力、人际交往的意识与技巧、团队精神等。

(3) 考察应试者在处理实际问题时的思维分析能力：主要包括理解能力、分析能力、综合能力、推理能力、想象力、创新力以及信息的检索和利用能力。

(4) 考察应试者的个性特征和行为风格：主要包括动机特征、自信心、独立性、灵活性等特点，还包括考察问题时从大处着眼还是关注细节。

(5) 考察应试者的职业动机与岗位匹配性：对职位的选择是否源于对事业的追求，是否有奋斗目标，积极努力，兢兢业业，尽职尽责。

(6) 考察应试者的应变能力：在实际情景中，解决突发性事件的能力，能快速妥当地解决棘手问题。

(7) 考察应试者的言语表达：应试者言语表达的流畅性、清晰性、组织性、逻辑性和说服性。

七、无领导小组讨论应注意的问题

（一）把握讨论方向

讨论中最为重要的部分就是要有人能明确考察要求，并在关键时刻纠正讨论方向。

（二）发言积极主动

面试开始后，抢先亮出自己的观点，不仅可以给主考官员留下较深的印象，而且还有可能引导和左右其他应试者的思想和见解，将他们的注意力吸引到自己的观点上来，从而争取充当小组中的领导角色。自己的观点表述完以后，还应认真听取别人的意见和看法，以弥补自己发言的不足，从而使自己的应答内容更趋完善。

（三）人际关系基础

对方在考虑是否接受你的观点时，会首先考虑你与他的熟悉程度和友善程度，彼此的关系越亲密，就越容易接受你的观点。若他认为彼此是敌对的关系，那么对你的观点的拒绝就是对他的自我保护。

（四）说服对方

不要在对方情绪激动的时候力图使他改变观点。因为在情绪激动时，情感多于理智，过于逼迫反而可能使其更加坚持原有的观点，做出过火的行为，造成难以改变的结果。

（五）言辞真诚可信

能够设身处地地站在对方立场上考虑问题，理解对方的观点，在此基础上，找出彼此的共同点，引导对方接受自己的观点。整个过程中态度要诚挚，用更深入的分析、更充分的证据来说服对方。

（六）抓住问题实质

语言的攻击力和威慑力，归根到底来自语言的真理性和鲜明性。反驳对方的观点不要恶语相加，敌视的态度不能达到有效反驳的目的。从心理学角度看，敌视的态度会使人产生一种反抗心理，因而很难倾听别人的意见。

（七）摆事实讲道理

要立场鲜明，态度严肃，语气坚定，这样可以使对方明确自己的观点，重视自己的意见。

（八）先肯定后转折

当对方提出一种观点，而你不赞成时，可先肯定对方的说法，再转折一下，最后予以否定。肯定是手段，转折、否定是目的。先予肯定，可使对方在轻松的心理感受中，继续接受信息。尽管最终是转折了，但这样柔和地叙述反对意见，对方较易接受。这样既使自己能从难以反驳的困境中解脱出来，又使对方能在较平和的心境中接受。

（九）取长补短

这其实是“后发制人”的策略，在面试开始后，不急于表述自己的看法，而是仔细倾听别人的发言。从中捕捉某些对于自己有用的信息，通过取人之长来补己之短。待自己的应答思路及内容都成熟以后，再精心地予以阐述，最终达到基于他人而又高于他人的目的。

【案例详情】一车过期面包

假设 A 是某餐饮企业 M 公司的质管员，被上级领导 B 派去偏远地区销毁一卡车的过期面包（面包虽已过期，但不会致命的，无损于身体健康）。在行进的途中，刚好遇到一群饥饿的难民堵住了去路，因为他们坚信 A 所坐的卡车里有食物。这时，报道难民动向的记者 C 也刚好赶来。

那么，对于难民来说，他们肯定要解决饥饿问题；对于记者 C 来说，他要报道事实；对于 A 来说，作为质管员，领导派他销毁这车过期的面包。

角色一：如果你是 M 公司的质管员 A，将在现场如何应对这次突发情况？

角色二：如果你是 M 公司的领导 B，当得知此事后，将如何作后续的处理安排？

【案例思考】无领导小组讨论（角色分析路径）

一、案例角色

（1）质管员 A。

（2）记者 C。

（3）一群难民。

（4）M 公司领导 B。

二、利益分析

（一）分析前提

一车过期的，但又不会致命的，无损于身体健康的面包。

（二）单方利益分析

（1）对于难民来说，他们肯定要解决饥饿问题，绝不会放过这辆卡车上的过期面包。

（2）对于记者 C 来说，他要报道事实真相，寻求新闻价值最大化的。

(3) 对于质管员A来说，面对这次突发情况，既要销毁过期面包，完成领导交代的任务，同时又要维护公司信誉形象，不能使公司利益受损。

(三) 双方利益分析

(1) 一群难民与质管员A。难民吃掉这一卡车的过期面包，不仅能够解决了自身的饥饿问题，同时也帮助质管员A完成了销毁过期面包这个任务，因此在难民与质管员之间不存在利益冲突。

(2) 一群难民与记者C。记者寻求的是新闻的真实性和价值的最大化，而难民一直是记者挖掘的新闻素材；难民迫切希望通过新闻媒体的报道，能够引起社会的广泛关注，得到一些人道主义援助。

(3) 质管员A与记者C。难民不会轻易放过这辆卡车里的过期面包。质管员A与记者C的最大利益冲突在于，如果难民吃了过期的面包，那么基于这个事实的新闻报道将有损于M公司的社会形象。

三、问题界定

通过以上的利益分析，发现问题主要发生在质管员A与记者C之间的利益冲突。因为记者跟随这群难民偶遇M公司的卡车，所以他并不知道车上有过期的面包，而一旦难民发现并吃了面包，那么他就知道面包过期这一事实了。通过现场情形的分析，这群难民是一定会吃卡车中的面包，无论是否过期的因素，记者一定会如实报道事件，而质管员A需完成领导安排销毁过期面包的任务。质管员A"或者不给、或者给""怎么给或怎么不给"是此次事件的焦点问题。如果质管员A最终选择"不给"，现场僵持下去，难民势必会进行哄抢，事件的局势将是他无法掌握的。

四、解决方案

通过对以上的问题界定，可以分析出以下的解决方案：

(1) 质管员A不能主动给难民过期食品，而应僵持下去，让难民主动哄抢食品。在难民哄抢时阻止难民，同时大喊记者一起协同制止，并且向记者表明，本意并未让难民食用过期的面包。

(2) 质管员A应及时打电话回M公司总部，向公司领导B说明现场情况，以及自己的即时处理，可建议公司总部运来一车新鲜的面包，以解决难民的饥饿问题。

(3) 待M公司总部作出先一步措施，运来新鲜面包送来之际，应及时和记者沟通，做好企业形象的维护工作。

五、方案评估

本方案既解决了记者报道事件事实的问题，又消耗了一定的过期面包。同时，还可以借助这一事件在后续从 M 公司高层的视角进行一系列措施的实施，宣传企业的人文关怀精神和社会责任。而角色二的分析路径将是本案例分析的精彩之处。

六、后续思路（略）

（1）解决难民的饥饿问题。向现场运输新鲜的食物和干净的饮用水。

（2）解决难民的生活问题。向现场运输衣物、帐篷、洗漱等生活物资。

（3）解决难民的生存问题。在 M 公司为难民提供工作岗位。

【案例拓展】无领导小组讨论：一波三折的冰箱事件

假设你是一家冰箱厂商在某地区营销中心的客户服务经理，负责在该地区的所有直属专卖店的客户服务工作。公司的工作流程是：各专卖店在客户下订单后将信息传送到客户服务部，由客户服务部完成后续的送货、安装、收取剩余货款、调试、跟踪等工作。

现在，客户服务部收到来自一家专卖店的订单，需要给一位住在某小区的客户送货安装。作为客户服务经理，你会怎样安排后续的客户服务活动呢？

问题：请设计出一个方案，尽可能详细且合理。

然而，事情并不像所设想的那样顺利。首先，送货车队在路上出了故障，以至于到傍晚才将冰箱送到客户家中，这比客户要求的时间整整晚了半日。其次，在安装冰箱的过程中，又因为客户的居室构造比较特殊而额外多花费了半天时间，而且施工过程中安装工人的一些不礼貌行为引起了客户家人的反感；更糟糕的是，冰箱安装完毕之后，客户发现冰箱产生的噪声太大，因此他拒绝支付剩余的货款。作为生产厂商，知道冰箱在运行过程中的声音在可以接受的正常分贝范围之内的，可是客户却不这样认为，强硬地认为产品不合格，甚至要提出退货。公司的送货员百般劝说和解释，客户就是不付款，而且矛盾还有扩大的趋势。事情已经发展到你非出面处理不可的地步了。

在你出面处理前，上级给你的要求是：一是，不能退货；二是，最多少收 200 元人民币；三是，防止事态扩大蔓延。你会采取怎样的策略来处理此事？请拟出一个方案，共有 15 分钟时间讨论准备。讨论结束后，请按照以下的规则发言：

（1）每一小组的第一位成员请回答案例中提出的第一个问题，即如何安排在接到专卖店的订单后，安排后续的客户服务活动。（以一个客户服务经理的角色提出，时间 5 分钟）

（2）每个小组派出一位成员讲述本小组设计的纠纷调解策略（时间5分钟）。

（3）每个小组派出一位成员扮演客户服务经理，另外一个小组出一名成员扮演客户，实地表演一下该客户经理上门处理这起纠纷的过程（时间各为10分钟）。

（4）接下来，每个小组可以对自己和对方小组的纠纷调解策略与表演做出现场点评（自由发言，时间为15分钟）。

（5）最后，每个小组各派出一位成员作总结陈述（时间5分钟）。

【拓展思考】

1. 在设计无领导小组讨论的问题时，应关注哪些方面？为什么？

2. 无领导小组讨论训练：海难救援。

一艘游艇在公海上发生了海难，上面有八名乘客正在等待救援。但是，负责营救的直升飞机每次只能够救走一个人。现场气温寒冷，游艇艇身已损坏，而且正在不停的漏水。

八名乘客情况如下：

（1）军人，男，72岁，身经百战、战功卓越。

（2）医生，女，45岁，医术高明，医德高尚。

（3）大学生，女，20岁，家境贫寒，学业优异，曾参加国际学科比赛并获大奖。

（4）大学教授，男，51岁，目前正在主持一项科学领域的研究项目。

（5）运动员，女，23岁，曾经在奥运会中获得冠军。

（6）公司经理人，男，35岁，善于公司经营管理，曾将某大型企业扭亏为盈。

（7）小学校长，男，52岁，劳动模范、优秀校长。

（8）高中教师，女，44岁，教学经验丰富，培养了很多优秀的学生。

请将这八名乘客依照营救的先后顺序进行排序，并陈述理由。

（各小组时间分配安排：3分钟阅题时间，组内成员每人1分钟陈述观点，15分钟小组讨论，最后小组代表总结发言1分钟）

案例四　新员工入职培训的疑团

【背景知识】新员工入职培训

入职培训是指组织录用新员工后，对他们进行的管理，本质上是招聘过程的延续。新员工经过这一步的培训后，才能完成在组织中的社会化，从而真正成为组织的一员。

开始任何一项新的工作对于新员工来说都是充满压力的，为了使新员工在新的工作岗位上尽快适应并取得成功，企业必须让新员工了解新的工作方法，了解新的做事程序，了解企业对他们的期望以及公司的价值观，组织新员工进行入职培训。

一、入职培训的目的

组织之所以对新进来的员工进行入职培训，其主要的目的是：

（1）降低员工流失率。

（2）让员工尽快适应工作，减少错误，节省时间。

（3）展现清晰的岗位职责及组织对个人的期望。

（4）帮助新员工更快地胜任本职工作。

（5）增强企业的稳定程度。

（6）减少员工的抱怨。

（7）使新员工融入企业的文化。

二、入职培训的内容

入职培训对新员工来说具有重要的意义，他能够通过培训了解组织各方面的信息，使自己很快地融入组织的环境之中。入职培训的内容包括常规内容和专业内容。

（一）入职培训的常规内容

一般来说，入职培训包括的常规内容如下：

（1）组织的设置。向新员工介绍包括公司的历史、背景、组织结构、经营理念、公司环境的展示图和组织结构图等，标出新员工在组织中的位置，并明确地告诉他们上面是谁、下面是谁，以便让新员工很快对组织有清晰的了解。

（2）本行业的概况、公司的行业地位、市场表现、发展前景。

（3）基本的产品服务知识、制造与销售情况。

（4）企业的规章制度及政策。

（5）公司的礼仪、行业规范、商业机密、职业规则。

（6）薪酬和晋升制度。

（7）员工福利。告诉新员工公司发薪的日期、假期、培训及教育等福利，所享有的社会保险及公司所能提供的特殊待遇。

（二）入职培训的专业内容

入职培训的专业内容包括以下几个方面：

（1）工作场所、办公设施设备的熟悉。

（2）内部人员的熟悉，包括本部门上级、下属、同事；其他部门的负责人、主要合作的同事。

（3）了解业务、流程、职责、权限，包括客户、产品、市场、行业、对外联络方；有时需实地进行，如参观生产、仓库、研发实验室等。

（4）专业性的技术、业务、财务等管理方法训练。

三、入职培训的流程

入职培训还需要经过一定的程序，主要包括以下几个环节：

（一）培训资料准备

员工入职培训的资料准备包括与培训相关的各项通知、说明、统计表格、教学计划和培训提纲等。具体有：

（1）员工入职培训计划。

（2）员工入职培训通知。

（3）受训员工基本情况表。

（4）受训员工入职培训安排表。

（5）受训员工入职培训提纲。

（6）培训内容资料。

（7）员工手册。

（二）入职培训的会务准备

具体包括：

（1）会议时间。

（2）会议场地。

（3）会议内容。
（4）参加人员。
（5）会议资料。
（6）会议设备。
（7）后勤保障。

（三）实施培训

实施培训就是根据培训内容选择相应的培训方法和方式进行培训。

（四）考核考试

考试适用于对知识、技能的考察。如果想知道新员工对管理实务是否掌握以及学习是否有收获，应进行考核。考核有两种形式：一种利用考核表；另一种用报告形式。

（五）颁发上岗证或上岗通知书

上岗证或上岗通知书是员工取得上岗资格的书面证明。

四、入职培训方式

入职培训的方式方法灵活多样，可以是授课式、研讨会形式，也可以是在岗实地培训，甚至可以是户外训练等方式。

美国 IBM 公司对新加入的销售人员采用实地培训形式。以 12 个人为一组，安排在公司总部附近的公寓里，为期 3 个月，受训期间只有 1 个周末休假允许回家。除了普通的讲授方式，还让新销售员工每天用公司的产品洗衣、做饭、洗碗；他们也会在当地的商店购买家用电器，把惠而浦的产品和竞争者的产品做比较等。这个培训使新加入的销售人员快速熟悉产品和业务，参加了该项目的员工通过试用期后留在 IBM 的比率也比较高，而且还吸引了不少人前来应聘销售的职位。

还有些公司采用“伙伴制”培训，就是给每个新员工指定安排一名工作职责相近、热诚负责的老员工作为“结对子”的“伙伴”，事无巨细，随时可给予新员工必要的协助和指点；而被选上做“伙伴”也是企业对优秀员工的一种认可和荣誉，对其额外的付出，企业也给予一定的奖励。这种一对一的“贴身全程服务”很能显示企业的亲和力和凝聚力，也是将企业文化得以传播和加强的可靠途径。

也有的企业会请第三方的培训公司，采用更新颖的户外拓展训练作为入职培训的一部分。这种拓展训练沿用了体验式培训的基础理论，结合心理学和组织行为学研究成果，通过科学的情境设计，让课程兼顾新人的个体行为感受、团队角色观念的树立和企业价值认同的推动，从而促进新员工融入企业，加强新员工对企业的认同感和归属感；同时，也使新员工在体验中理解和认同企业文化。

五、新员工入职培训的意义

（一）新员工入职培训对企业的意义

如果说招聘是对新员工管理的开始，那么新员工培训是企业对新员工管理的继续。这种管理的重要性在于通过将企业的发展历史、发展战略、经营特点及企业文化和管理制度介绍给新员工时，对员工进入工作岗位有很大的激励作用，新员工明确了企业的各项规章制度后，员工可以实现自我管理，节约管理成本。

（二）新员工入职培训对个人的意义

新员工培训对于个人来说是对企业进一步了解和熟悉的过程，通过对企业的进一步熟悉和了解，一方面可以缓解新员工对新环境的陌生感和由此产生的心理压力，另一方面可以降低新员工对企业不切合实际的想法，正确看待企业的工作标准、工作要求和待遇，顺利通过磨合期，在企业长期工作下去。新员工培训是新员工职业生涯的新起点，适应新组织的行为目标和工作方式。

【案例详情】丁总的困惑

丁某是W酒店的总经理，计划开拓全国的市场业务，在各地名校一次性招聘了50名刚毕业的大学生作为酒店营销部门的市场人员。为了使这些新员工尽快地适应新的工作，丁总要求酒店人力资源部实施新员工培训。人力资源部设计了为期一天的培训安排，主要是"工作要求""酒店制度"等受训内容。

丁总原本希望这些新员工作为新鲜血液，给酒店带来新气象，但是令人意想不到的是，不到半个月的时间，50名刚毕业的大学生就有32人提交了离职申请。离职的原因是酒店没有以人为本的管理理念，将员工作为赚钱的工具；有的人认为薪酬虽高，但是工作压力太大；有的人对酒店的市场开拓业务心中没底，而且又没有老员工辅导，工作中的问题和困难都靠自己摸索。丁总没想到的，一场新员工的培训给酒店人员的稳定性埋下了"风险的种子"。

思考：如何为该酒店设计新员工入职培训？

【案例思考】酒店行业的新员工入职培训

一、新员工入职培训的内容设计

（1）介绍酒店的经营历史、宗旨、规模和行业发展前景，激励员工积极工作，为企业的繁荣作贡献。

(2) 介绍酒店的规章制度和内部各岗位职责，使新员工在后续工作中自觉地遵守酒店的各项规定，一切工作按制度的规则、标准、程序来办理。包括：工资、奖金、津贴、保险、休假、医疗、晋升与调动、交通、事故、申诉等人事规定；福利方案、工作描述、职务说明、劳动条件、作业规范、绩效标准、工作考评机制、劳动秩序等工作要求。

(3) 介绍酒店内部的组织结构、权力系统，各部门之间的服务协调网络及流程，有关部门的处理反馈机制，使新员工明确在内部进行信息沟通、提交建议的渠道、使新员工们了解和熟悉各个部门的职能，以便在今后工作中能准确地与各个有关部门进行联系，并随时能够就工作中的问题提出建议或申诉。

(4) 酒店业务培训，使新员工熟悉并掌握完成各自本职工作所需的主要技能和相关信息，从而迅速胜任工作。

(5) 介绍酒店的经营范围、主要产品、市场定位、目标顾客、竞争环境等，增强新员工的市场竞争和客户服务意识。

(6) 介绍酒店内部的安全措施，让新员工了解安全工作包括哪些内容，包括如何做好安全工作，如何发现和处理安全工作中发生的一般问题，提高他们的安全意识。

(7) 酒店的企业文化、价值观和目标愿景。让新员工知道企业反对什么、鼓励什么、追求什么。

(8) 介绍酒店行业员工的行为和举止规范。如关于职业道德、环境秩序、作息制度、开支规定、接洽和服务用语、仪表仪容、精神面貌、谈吐、着装等的要求。

二、新员工入职培训的师资队伍

(一) 内部师资

酒店新员工入职培训的内部师资可由高层、HR、各业务部门经理（及主管）、资深老员工组成，一般主要涉及酒店背景介绍、规章制度解读、各职能业务部门事务、工作岗位细则等。

(二) 外部师资

酒店新员工入职培训的外部师资可由高校相关专业教师、酒店行业专家、相关领域资深讲师等构成，一般可以涉及酒店行业发展现状及趋势、酒店行业服务礼仪、职业心理、住宿业市场竞争等培训内容。

三、新员工入职培训的方式

(一) 互动式培训

互动式培训即为有互动行为的培训方式，互动可以包含提问、辩论、模拟演练等。此种培训模式可以减消新员工的陌生感，快速建立培训圈子氛围，提高学习接受力。在快乐轻松中得到知识，同时对于培训本身也是一种思想的碰撞，便于培训部门完善培训内容，提高培训质量。

（二）引导式培训

引导式培训一般为循序渐诱，知识由浅到深，让学员缓慢的接受学习。学员通过培训，一般对于专业知识的掌握比较牢固，但创新意识较差，工作平稳，属于团队的稳定者。此种培训方式应用广泛，但可能让学员感到枯燥乏味，所以留职率不高。

（三）实践式培训

实践式培训就是在失败中不断地学习，此种模式对于员工的成长很有帮助，但是对于新员工来说是一种挑战，如遇有激情的员工可能会成长迅速，但是对于性格内向或者受挫能力较弱的学员可能接受程度较低，容易造成较高的流失率。一旦突破此类培训的学员会快速成长，在后期团队上也属于创新型人才一类。

（四）结果导向式培训

所谓结果导向式培训，即学员的成长结果最终需要培训的后期跟踪来决定。培训完成之后还必须有跟踪服务，学员学习完后在踏入工作中会与实践相结合，此时问题也就产生了，作为培训老师必须给予指导解答才能确保培训结果的效果，在学习后的一段时间里进行实践之后的讨论学习，集所有思想为一体完善培训内容，学员的知识也会进一步得到补充。

四、新员工入职培训的管理

（一）培训前，举行开班仪式

（1）领导讲话。
（2）宣讲培训纪律、培训班安排。
（3）下发《学员手册》，内涵课程资料、学员名单、活动安排。

（二）选举班委

（1）学员相互认识。
（2）分组，选组长。
（3）选出班长、学习委员、纪律委员、组织委员。

（三）做好日常的管理工作

（1）对于学员的课堂表现、活动表现，做好记录。
（2）做好考勤记录。
（3）关心学员的餐饮住宿情况。
（4）以上可以让班委协助管理。
（5）每节课后，做好讲师和课程的评估。

（四）做好课余的活动组织

（1）调动班委，组织好课余的活动。
（2）破冰活动，让学员充分相互了解，可安排在开班仪式时。
（3）早上晨练，可以安排一些提高团队协作、加强学员相互信任的小活动，时间控制在半小时以内。
（4）晚上，可以组织一些“文艺晚会”、辩论赛等活动，调动新员工参与的积极性，同时给予新人展示自己特长的机会。

（五）活动结束后

（1）对活动进行评估、总结。
（2）对学员进行测评、给予评定。
（3）反馈给公司人力资源部门，为公司选人、用人提供依据。

【案例拓展】学习型组织的培训体系

S公司成立于1970年9月28日，是以集团股份有限公司为母体，以医药为核心主业，多元化投资发展的企业集团。目前，S公司主要投身于发展医药、仪表及电力自动化，在全国各地及海外雇员超过一万余人。在美国、法国、俄罗斯、阿根廷、印度、泰国、菲律宾设有制造基地、分支机构，在非洲十多个国家也设立了业务机构。旗下有五大产业公司。依托母公司多元化的产业投资和经营，具有医药、房地产、机械、电力等多条产业链，具有敏锐的行业洞察力，高超的项目甄别能力和严密的风险控制机制。

S公司目标是成为一家具有社会责任感、受社会尊重尊敬的企业，超过37年的发展历程，S公司如今迈入了一个新的时代，视今日中国经济高速发展、经济全球化潮流为最好的机遇，新的机遇、新的挑战将带来更广阔的舞台。现在，S公司正在成为一家“精干、高效、专业”全力为客户服务的投资型集团公司。

拥有多个产业领域的优秀公司和优秀资源，并通过专业化经营推动企业持续、高效增长。

S公司融合了多元化的专家顾问加高层次投资精英组合，严谨高效的工作作风加持之以恒的创新精神，学习型组织结构加专业化、个性化服务的品牌。目前拥有一大批银行、资产管理、产业整合等多个领域的资深专业人士，已经形成了人员分层、岗位分工、协同作业、梯度推进的人力资源管理体系。

思考：构建学习型组织的培训体系。

一、培训规划要体现系统性、标准化、有效性和普遍性

不同层次和不同类型的岗位对员工的知识、技能等要求不同，所以首先要充分分析各岗位特点、要求，尤其了解行为要求，根据各岗位的知识、技能和行为要求，设计各层各类岗位课程科目和内容。

（一）针对管理人员

针对国际化的人才队伍，管理人员十分有可能横向流动，应加强跨文化背景下的培训；

针对以医药为主业，多元化的产业分布的投资型公司，应加强金融和投资领域知识和最新动态的培训；针对高层、中层和基层不同岗位层次的管理人员，应对应性地加强与岗位相匹配的素质和领导能力培训。

（二）针对专业人员

针对多元化的投资顾问和资深专业人士，应外送专业学习，以保持其专业上的领先性；加强全集团的知识管理和案例分享，通过内部专家的分享和知识传授在内部培训后续的专业人才。专业人员也需要进行适度的管理能力培训，包括敏感性训练、人际沟通训练等。以确保专业人员在专业团队的领导和培养上具备基本的管理技能。

二、构建学习型组织的培训体系

（1）公司高层和各层级领导重视员工培训。

（2）要有培训需求分析和规划。

（3）要注意对公司共同愿景和企业文化方面的培训。

（4）要注意培训内容、方法和培训老师的选择。

（5）要形成学习型组织文化，注重团队学习和共享。

（6）重视培训效果的评估。

（7）要重视 E-learning 系统的建设。

（8）要注重公司内部商学院的建设和内部讲师队伍的建设。

【拓展思考】

1. 人力资源部门应如何设计针对新员工入职培训的团建活动?

2. 人力资源部门在新员工入职培训期间应如何加强突发事件的管理?

案例五　行为锚定法：酒店客房服务员礼仪评价量表

【背景知识】绩效管理的内涵

一、绩效的含义与特征

（一）绩效的含义

绩效是人力资源管理中的重要概念，是绩效管理的基础。它不仅仅是指个人或群体劳动的直接成果和最终效益，还应该包括劳动活动中个体或群体的工作行为和行动表现。因此，可以将绩效定义为：绩效是指一定组织中、一定时期内个体或群体的工作行为和表现，及其直接的劳动成果和最终效益的统一体。

由此可见，在工作中评价一个员工的绩效时，不能因某员工的工作业绩和效果突出就将其评为绩效优秀，也不能因为某位员工勤勉务实、言听计从、早出晚归而将其评为绩效优秀，而应是将员工的工作态度、行为表现、工作业绩和效果进行综合评定。

（二）绩效的特征

1. 绩效的多因性

多因性是指绩效的优劣不是取决于单一的因素，而是受到主、客观多种因素的影响，即员工的激励、技能、环境与机会。其中，前两者“激励”和“技能”是员工自身的主观性影响因素，后两者“环境”和“机会”则是客观性影响因素。

（1）激励。激励是指调动员工的工作积极性。激励本身又取决于员工的需要层次、个性、感知、学习过程与价值观等个人特点，其中需要层次影响最大，员工在谋生、安全与稳定、友谊与温暖、尊重与荣誉、自为与自主以及实现自身潜能诸层次的需要方面，各有其独特的强度结合，需经企业调查摸底，具体分析，对症下药予以激发。

（2）技能。技能是指员工工作技巧与能力水平，它也取决于个人天赋、智力、经历、教育与培训等个人特点，其中培训不仅能提高其技能，还能使员工对预定计划目标的实现树立自信心，从而加大激励的强度。

（3）环境。环境因素是指企业内部客观条件和外部客观环境。影响员工绩效优劣的内部客观条件，主要有劳动场所与物理条件（如温度、湿度、通风、粉尘、噪声、照明等）、任务的性质、工作设计的质量、工具、设备与原料的供应、上级的领导作风与方式、公司的组织与规章制度、工资福利、培训机会以及企业的文化、宗旨及氛围等，这些微观因素产生的影响是直接的。影响员工绩效的外部环境，主要有政治、经济、文化、习俗、科技、市场竞争强度等，这些宏观因素产生的影响是间接的。

（4）机会。机会是一项偶然而又重要的因素。如某项任务正巧分配给张三，而李四不在或因随机性原因未被指派承担此项任务，此时虽然李四的能力与素质都比张三好，却无从表现。不可否认，现实中不可能做到完全的机会均等，所以，这一因素是不可控的。

2. 绩效的多维性

绩效的表现形式是多种多样的，需要从多个维度去分析与考评。例如一名工人的绩效，除了产量指标完成情况外，质量、原材料消耗率、能耗、出勤、甚至团结、服从纪律等方面的表现，都需要综合考虑，逐一评估，尽管各维度可能权重不等，考核侧重点会有所不同。如果侧重于成本控制，考核重点应在原材料消耗率、能耗等指标；如果侧重于企业文化建设，考核重点则应在出勤、团结、纪律等指标。

3. 绩效的动态性

绩效是动态变化的，员工的绩效随着时间推移会发生变化，绩效差的可能改进转好，绩效好的也可能退步变差。因此，管理者切不可凭一时印象，以僵化的观点看待员工绩效。

总之，对员工绩效的考察，应该是全面的、发展的、多角度的、权变的，力戒主观、片面和僵化处理。

二、绩效管理的概念及功能

（一）绩效管理的概念

绩效管理是指实现组织发展战略和目标，采用科学的方法，通过对员工个人或群体的行为表现、劳动态度和工作业绩，以及综合素质的全面监测、考核、分析和评价，充分调动员工的积极性、主动性和创造性，不断改善员工和组织的行为，提高员工综合素质，挖掘其潜力的活动过程。绩效管理的目标是不断改善组织氛围，优化作业环境，持续激励员工，提高员工素质，提高组织效率。

绩效管理是一个将公司目标与部门目标、个人目标紧密联系在一起的、科学的考评方法，从目标、程序导向到意愿、行为、效果导向，从事前策划到过程的监测，从事后考评到绩效改进的动态过程。绩效管理过程的每一次循环都将使企业、组织或员工迈上一个新的台阶，有所提高，有所发展，有所创造，有所前进。

（二）绩效管理与绩效考评的关系

在绩效管理的实践过程中，许多人把绩教管理和绩效考评概念等同看待，实际上，两者既有区别，又存在紧密联系。

绩效管理是以绩效考评制度为基础的人力资源管理的子系统，它表现为一个有序的复杂的管理活动过程，它首先要明确组织与员工个人的工作目标，并在达成共识的基础上，采用行之有效的管理方法，不但要保证按期、按质、按量地达到和实现目标，还要考虑提升目标的可能性。绩效管理的活动过程，不仅仅着眼于员工个体绩效的提高，更加注重员工绩效与组织绩效的有机结合，最终实现企业总体效率和效能的提升。

绩效考评出现在绩效管理的特定时期，作为绩效管理的重要组成部分，它为绩效管理的反馈和应用提供了前提和依据。而绩效管理是复杂而有序的动态管理过程，它包含着丰富而广泛的内容，如确定绩效目标、实施绩效考评、进行绩效反馈和绩效总结等。绩效管理过程涉及范围广，不仅包含组织中所有的员工，而且覆盖所有的活动过程。绩效管理作为人力资源管理的重要组成部分，它与人力资源管理的许多方面，如工作岗位分析、人事调整、培训开发、薪酬制度设计等有着密切的关系。

绩效考评是绩效管理的一个重要组成部分，它们之间的相互关系参见表5-1。

表5-1 绩效管理与绩效考评的关系

维度	绩效考评	绩效管理	比较与说明
范围	环节	系统	绩效管理是一个完整的系统，绩效考评只是这个系统中的一个重要环节
内容	结果	结果与过程	绩效考评是一种阶段性的总结，绩效管理是一个过程，注重过程的管理和结果
思路	判断式	计划式	绩效有前瞻性，有效地规划企业和员工的未来，绩效考评是对过去一个阶段成果的判断
措施	秋后算账	解决问题	绩效考评注重对已经取得的绩效的确定，绩效管理注重通过解决问题来提高未来绩效
关系	对立	双赢	绩效考评判断员工成果高低，使得管理者与员工处于对立的两面，绩效管理则在两者之间建立合作伙伴关系，营造双赢局面
关注点	绩效	素质	绩效考评只重视已经取得的成绩的大小，绩效管理注重个体综合素质的培育与提升

（三）绩效管理的功能

1. 绩效管理对企业的功能

（1）诊断功能。绩效管理作为企业各个职能和业务部门主管的基本职责，不但需要对组织中每个成员的活动进行追踪，及时沟通和分析、反馈绩效管理信息，而且要及时发现组织中存在的共性问题，采用科学的方法进行组织诊断，为组织变革和组织发展提供依据。

（2）监测功能。在组织绩效管理的过程中，各级主管必须对人力、物力和财力等资源的配置及其实际运行情况，进行及时的监督、测定和考量，才能达到有效地组织、协调和控制，从而实现预定的绩效目标。

（3）导向功能。各级主管在组织绩效管理的活动中，应当充分发挥绩效管理的导向功能，通过积极主动的绩效沟通和面谈，采用科学的方法从不同需求出发，激励、诱导下属朝着一个共同目标努力学习、积极工作。

（4）竞争功能。绩效管理总是与企业薪酬奖励、晋升调配、培训开发等制度密切相关的。无论是得奖还是受罚，对员工都会产生触动和鞭策，从而在组织中形成相互比赛和竞争的局面。这有助于组织的发展和目标的实现，使企业和员工同时受益获利。

2. 绩效管理对员工的功能

（1）激励功能。绩效管理可以充分肯定员工的工作业绩，能使员工体验到成功的满足感与成就的自豪感，有利于鼓励先进、鞭策落后、带动中间，从而对每个员工的劳动行为进行有效的激励。

（2）规范功能。绩效管理为各项人事管理提供了一个客观而有效的标准和行为规范，按照标准进行奖惩与晋升，使企业形成事事按标准办事的风气，使企业的人力资源管理标准化。

（3）发展功能。这一功能主要表现在：一是使组织根据考核结果，制订正确的培训计划，达到提高全体员工素质的目标；二是发现员工特点，将个人与组织的发展目标有效地结合起来。

（4）控制功能。通过绩效管理，不仅可以把员工工作的数量和质量控制在合理的范围内，还可以控制工作进度和协作关系，从而使员工明确自己的工作职责，提高工作的自觉性和纪律性。

（5）沟通功能。考核结果出来以后，管理者将与员工谈话，听取员工的申诉和看法。这样就为上下级提供了一个良好的沟通机会，使上级与下级之间相互了解，增进了相互间的理解。

绩效管理除具有上述功能之外，其所获得的数据资料还具有一些其他功能。主要包括：为编制人力资源规划、剖析现有人力资源的优劣势、帮助员工制订职业生涯发展规划、调整劳动关系、诊断生产经营管理活动等提供重要的技术支持。

三、绩效管理的常见方法

（一）简单排序法

简单排序法也称序列法或序列评定法，即对一批考核对象按照一定标准排出 1 2 3 4 ……的顺序。第一步，拟定考核的项目；第二步，就每项内容对被考核人进行评定，并排出序列；第三步，把每个人各自考核项目的序数相加，得出各自的排序总分数与名次。

（二）强制分配法

强制分配法，是按预先规定的比例将被评价者分配到各个绩效类别上的方法。这种方法根据统计学正态分布原理进行，其特点是两边的最高分、最低分者很少，处于中间者居多。

（三）要素评定法

要素评定法也称功能测评法。要素评定法是在等差图表法的基础上形成的，考虑了加权因素，将不同项目赋予不同的重要性，并使重要性的程度通过各自的分值范围体现出来，有条理地分清了各考评因素之间的关系，见表 5-2。在实际操作时，一般由本人、上级、下级、同级各填一表，再给各表赋予相应的权重，计算综合得分。

表 5-2　要素评定法示例　（单位：分）

因素	内容	1 级	2 级	3 级	4 级	5 级
技能	知识	14	28	42	56	70
	经验	12	24	36	48	60
	创造力	14	28	42	56	70
绩效	数量	20	40	60	80	100
	质量	20	40	60	80	100
	特殊贡献	10	20	30	40	50
态度	责任感	10	20	30	40	50
	协作态度	10	20	30	40	50

要素评定法的优点是考评的内容比较全面；做到了定性评估和定量评估相结合；体现了多角度、立体化的评估原则；用计算机处理测评结果，手段也比较先进。

要素评定法的缺点是烦琐复杂，评估标准的说明由于是定性语言，高度概括，因此仍难掌握，故在实践中易出现打分中间化倾向，与等差图表法相比费时费力。

（四）关键事件法

关键事件法也称重要事件法。关键事件是指员工在完成工作任务过程中导致不同结果的有效或无效的工作行为。关键事件法利用一些从一线管理者或员工那里收集到的工作表现的特别事例进行考评。关键事件法对事不对人，以事实说话，考评者不仅要注重对员工行为本身的评价，还要考虑员工当时行为的情境。因此，这种方法强调的是代表最好或最差表现的关键事例所代表的活动。关键事件法一般有年度报告法、关键事件清单法和行为定位评级法。

关键事件法的优点是为考评者提供了客观的事实依据；考评的内容不是员工的短期表现，而是一年内的整体表现；以事实为根据，保存了动态的关键事件记录，可以全面了解下属是如何消除不良绩效，如何改进和提高绩效的。

关键事件法的缺点是其记录和观察的过程费时、费力；只能做定性分析，不能做定量分析；很难区分员工工作行为的重要性程度；很难用该方法对不同的员工进行比较。

（五）目标管理法

目标管理法（MBO）是一种综合性的绩效管理方法。目标管理法由美国著名管理学大师彼得·德鲁克提出。目标管理是一种领导者与下属之间的双向互动过程。彼得德鲁克认为，并不是有了工作才有目标，恰恰相反，是有了目标才能确定具体工作。当组织最高层确定了组织目标后，必须对其进行有效合理的分解，转变为各部门以及每位员工的分目标，管理则根据分目标完成情况对下级进行考核、评价、奖惩。

（六）360 度考核法

360 度考评法是一个可以用于员工全面考评和绩效评价的综合性方法。所谓 360 度考评法就是被考评者的主管、同事、下属、被考评者本人以及客户，从各方面用多种评价技术一起对被考评者进行综合考评的方法。

1. 360 度考核法的优点

（1）打破了由上级考核下属的传统考核制度，可以避免传统考核中考核者极容易发生的“光环效应”“居中趋势”“偏紧或偏松”“个人偏见”和“考核盲点”等现象。

（2）一个员工想要影响多个人是困难的，管理层获得的信息更准确。

（3）可以反映出不同考核者对于同一被考核者的不同看法。

（4）防止被考核者急功近利的行为（如仅仅致力于与薪金密切相关的业绩指标）。

（5）较为全面的反馈信息有助于被考核者多方面能力的提升。

360 度考核法实际上是员工参与管理的方式，在一定程度上增加他们的自主性和对工作的控制，员工的积极性会更高，对组织会更忠诚，提高了员工的工作满意度。

2. 360 度考核法的不足

（1）考核成本高。当一个人要对多个同伴进行考核时，将耗费更多时间，由多人共同考核所导致的成本上升可能会超过考核所带来的价值。

（2）可能成为某些员工发泄私愤的途径。某些员工不正视上司及同事的批评与建议，将工作上的问题上升为个人情绪，利用考核机会“公报私仇”。

（3）考核培训工作难度大。组织要对所有的员工进行考核制度的培训，因为所有的员工既是考核者又是被考核者。

【案例详情】行为锚定法

一、行为锚定法概述

行为锚定法是一种以工作行为典型情况为依据进行考评的方法。其基本思路是：描述职务工作可能发生的各种典型行为，对行为的不同情况进行度量评分，在此基础上建立锚定评分表，作为员工绩效考评的依据，对员工的实际工作行为进行测评给分。

行为锚定法实质上是把关键事件法与评级量表法结合起来，兼具两者之长，是关键事件法的进一步拓展和应用。通过一张行为等级评价表可以发现，在同一个绩效维度中存在一系列的行为，每种行为分别表示这一维度中的一种特定的绩效水平，将绩效水平按等级量化，可以使考评的结果更有效、更公平，并且便于将同一岗位的不同员工进行横向比较，通过员工的行为改进提高其绩效表现。

二、行为锚定法的实施

行为锚定法的目的在于通过一个等级评价表，将特别优良或特别劣等的绩效的叙述加以等级性量化，从而将描述性关键事件评价法和量化等级评价法的优点结合起来。行为锚定法通常要求按照以下五个步骤来进行：

（1）进行岗位分析，获取关键事件，由主管人员作出明确简洁的描述。

（2）建立评价等级。一般分为 5~9 级，将关键事件归并为若干绩效指标，并给出确切定义。

(3) 对关键事件重新加以分配。由另一组管理人员对关键事件作出重新分配，把它们归入最合适的绩效要素指标中，确定关键事件的最终位置，并确定出绩效考评指标体系。

(4) 对关键事件进行评定。审核绩效考评指标等级划分的正确性，由第二组人员将绩效指标中包含的重要事件从优到差，从高到低进行排列。

(5) 建立最终的工作绩效评价体系。

三、行为锚定法的应用：酒店客房服务员礼仪评价量表

(一) 酒店客房服务员工作内容

酒店客房服务员工作内容如下：

(1) 清洁并检查客房、补充用品。

(2) 为客人提供服务、清洁用品使用及保养。

(3) 检查客人遗留物及客房内贵重物品。

(4) 确保工作区域的安全等。

(二) 酒店客房服务员职业能力特征

酒店客房服务员职业能力特征如下：

(1) 具有良好的语言表达能力。

(2) 能获取、理解外界信息，进行分析、判断并快速做出反应。

(3) 有一定的计算能力。

(4) 有良好的动作协调性，能迅速、准确、灵活地完成各项服务操作。

(三) 行为锚定法的具体工作步骤

行为锚定法的具体工作步骤如下：

(1) 岗位分析，获取关键事件。

(2) 建立评价等级。

(3) 对关键事件重新分配。

(4) 评定关键事件。

(5) 建立最终绩效评价体系。

【案例思考】酒店客房服务员礼仪评价量表

酒店客房服务员礼仪评价量表（参考如图 5-1 所示）。

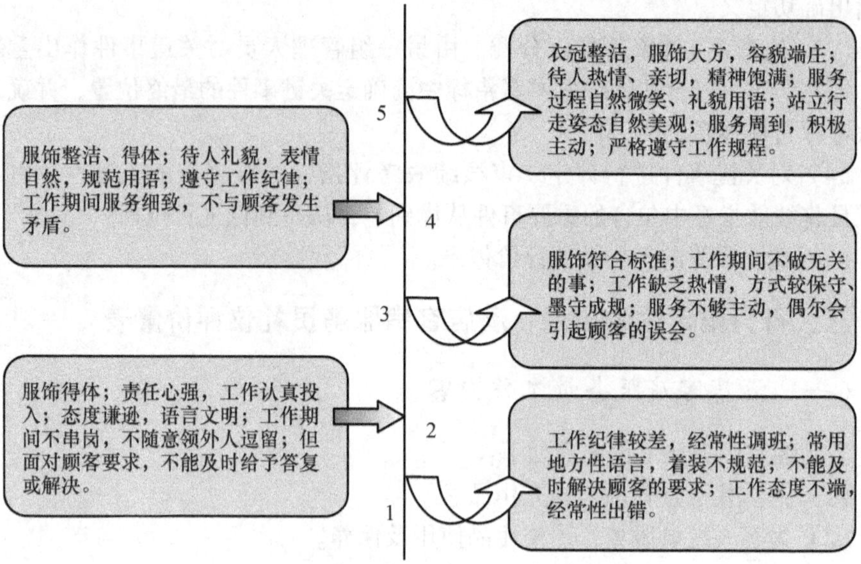

图 5-1　酒店客房服务员礼仪评价量表

【案例拓展】Z 公司的协作与考核体系

Z 公司成立于 2006 年，是一家专业从事图像传输和自动化监测产品的省级高新技术企业。公司集研发、生产、销售、工程及服务于一体，60%以上员工具有本科以上学历，汇集了软件、嵌入式、信号、测控、通信、光学机电等专业的优秀人才。

公司主要产品：JHD 型铁路道岔转换设备综合监测系统、HHT 型铁路综合视频监控系统运行维护管理平台、DYZ-Ⅱ型便携式道岔综合测试仪、单兵无线音视频信息传输系统、无线频谱监测产品等。

公司经过多年的积累，“JHD 型铁路道岔转换设备综合监测系统”在铁路道岔监测领域处于行业领先地位。并率先在沪宁城际、沪杭高铁、武广高铁、京沪高铁、广深港、海南东环等客运专线上投入使用。近年来，公司还在北京、广州、重庆、长沙等城市轨道交通行业得到推广或实际应用。公司经营理念：“以科学为先导，以质量为生命、以诚信求市场，以管理创效益”；服务理念：“专业尽职、追求卓越”，为客户量身打造，提供技术领先、品质稳定的产品和服务。

随着新建铁路和既有铁路的改造提速，城市轨道交通的建设发展，公司产品作为铁路安全和重点设备在监测技术平台之一，正面向铁路系统推广使用。

市场部根据客户单位的需求，对项目进行初步的经济分析，根据时间和人员要求，出具项目施工单（包含对施工的要求、施工费用预算、设备成本预算等），再对整个项目进行细化的经济分析。开发部给予技术的指导和建议，生产部生产出相应的产品设备，工程部把生产部生产出来的产品设备综合铁路部门施工条件安装，确保整个系统开通运行，并给予客户单位培训，工程部要求确保项目的质量、进度、安全等。技术部负责对工程部的安装成果进行验收，若有不规范的，则进行改进。对客户单位的故障维修要求，予以及时响应。技术部让客户单位签收后，由市场部进行收款。可见，公司内部的协作非常重要。

由于公司的项目分布全国，因此，工程部和技术部（负责对客户单位的故障72小时之内维修）人员需要在全国范围内施工，长期出差在外，上司不能经常观察到他们的工作过程和结果。

思考：（略）

一、设计考核体系并有效推动各部门间协作

（1）针对公司目前的业务背景和工作流程，对公司各部门的职责重新梳理和明确，尤其针对在实际工作中模糊不清的边界职责，予以尽可能清晰的界定。针对交叉性的职责，要求相关部门均对该工作项的结果负责，督促相关部门予以落实，并在相关部门未落实的情况下，本部门组织人员负责落实。

（2）根据各部门的重点职责和有具体结果性要求的职责，提炼该部门的KPI指标，要求KPI指标的落实可观察、可操作，有明确的质量要求和时限要求。每项KPI都根据具体工作和业务的流程由“下一道工序”相关岗位提供该项KPI完成情况的数据或结果性信息。保证考核客观性。

（3）针对所有部门，均设置“部门协作”“制度遵守”等共同性的考核指标，并对协作要求和制度遵守要求等予以具体化，对未协作和未遵守的情况进行绩效扣分等方面做具体规定。

（4）设立绩效评审委员会。属于内部虚拟结构，由内部专家、部门的分管领导和部门负责人组成，对各部门的KPI的指标的制定和完成情况的具体结果进行分析和评审，以保证客观性和公正性。在绩效考核体系设计完成以后，要求各部门的管理者提高全局观念，在公司层面进行宣传与培训。

二、工程部设计KPI指标的内容

（1）用户满意度（包含工作安装的及时性，客户培训的细致耐心）。

（2）故障产生的次数（虽然故障的产生是综合因素的影响，但是，作为工程部的工作人员有责任与义务，将故障发生次数控制在最小范围内）。

（3）工程项目的安装的质量、时间进度。

（4）技术部的验收一次性通过的比率。

(5) 部门协作。

(6) 遵守公司制度。

(7) 安全事故是否一票否决制。

上述前四项指标主要根据工程部的重点职责提炼的 KPI 指标，占 80%的权重，目的在于保障重点职责的良好履行，以及内部流程顺畅。第（5）、（6）项指标属于各部门通用性指标，占 20%左右的权重，目的在于保障各部门的协作，以及制度遵守等组织保障，在体系上保障各部门的职责得到有效履行。第（7）项指标为否决指标，不占权重。

【拓展思考】

1. 为什么要绩效管理？如何进行绩效管理？

2. 在下面的案例故事中，如果你是主人，应如何为猫确定考核目标？说明理由。

案例故事：有位主人要求他的猫每天必须抓一只老鼠，以此判断它的能力，并决定它当天的晚餐。猫想："我怎么才能天天抓到老鼠呢？每天都想抓到本身就很难，再说老鼠哪天被抓完了可怎么办呢？"

3. 一个古老的绩效管理故事

故事起源是三只老鼠一同去偷油，老鼠们找到一个油瓶，通过协商达成一致意见，轮流上去喝油。于是三只老鼠一只踩着一只的肩膀开始叠罗汉，当最后一只老鼠刚刚爬到另外两只的肩膀上，不知什么原因，油瓶倒了，并且惊动了人，三只老鼠不得不仓皇逃跑。回到鼠窝，大家开会讨论行动失败的原因。

最上面的老鼠说，我没有喝到油，而且推倒了油瓶，是因为我下面第二只老鼠抖动了一下；第二只老鼠说，我是抖了一下不错，但那是因为我下面的第三只老鼠抽搐了一下；第三只老鼠说，对，对，我之所以抽搐是因为好像听见门外有猫的叫声。

"哦，原来如此呀！"大家紧张的心情顿时放松下来。

在一家企业也发生了与这则故事相似的情形，请听一次企业的季度会议内容。

销售部经理 A 说："最近销售做得不好，我们部门有一定责任，但是最主要的责任不在我们，竞争对手纷纷推出新的旅游线路，比我们的产品好，所以我们很不好做，研发部要认真总结。"

研发部经理 B 说："确实，我们最近推出的新产品是少，但是我们也有困难呀，我们的预算很少，可就是如此少得可怜的预算，也被财务削减了！”

财务部经理 C 说：“是，我是削减了你的预算，但是你要知道，公司最近新招募了一批高端导游人员，我们当然没有多少钱。”

导游部经理 D 忍不住跳起来：“不错，我们最近是招聘了一批新的高端导游人员，可是为什么你们知道吗？现在导游市场的人工成本整体水涨船高。”

A、B、C：“哦，原来如此呀。这样说，我们大家就都没有多少责任了，哈哈哈哈……”

思考：问题究竟出在哪里？

案例六　总经理的奖励难题

【背景知识】薪酬概述

一、薪酬及薪酬管理的内涵

（一）薪酬

1. 什么是薪酬

薪酬是指员工向其所在单位提供所需要的劳动而获得的各种形式的补偿，是单位支付给员工的劳动报酬。

薪酬包括经济性薪酬和非经济性薪酬两大类，经济性薪酬分为直接经济性薪酬和间接经济性薪酬。直接经济性薪酬是单位按照一定的标准以货币形式向员工支付的薪酬。直接薪酬如工资、奖金、股票期权和利润分享等；间接经济性薪酬不直接以货币形式发放给员工，但通常可以给员工带来生活上的便利、减少员工额外开支或者免除员工后顾之忧。间接薪酬如保险、带薪休假和住房补贴等各种福利。非经济性薪酬是指无法用货币等手段来衡量，但会给员工带来心理愉悦效用的一些因素。非经济性薪酬如赞扬与认可、地位与身份等。

2. 薪酬的分类

（1）货币性薪酬：包括直接货币薪酬、间接货币薪酬和其他的货币性薪酬。其中直接货币薪酬包括工资、福利、奖金、奖品、津贴等；间接货币薪酬包括养老保险、医疗保险、失业保险、工伤及遗嘱保险、住房公积金、餐饮等；其他的货币性薪酬包括有薪假期、休假日、病事假等。

（2）非货币性薪酬：包括工作、社会和其他方面。其中工作方面包括工作成就、工作有挑战感、责任感等的优越感觉；社会方面包括社会地位、个人成长、实现个人价值等；其他方面包括友谊关怀、舒适的工作环境、弹性工作时间等。

（二）薪酬管理

薪酬管理，是在组织发展战略指导下，对员工薪酬支付原则、薪酬策略、薪酬水平、薪酬结构、薪酬构成进行确定、分配和调整的动态管理过程。薪酬管理要为实现薪酬管理目标服务，薪酬管理目标是基于人力资源战略设立的，而人力资源战略服从于企业发展战略。

薪酬管理包括薪酬体系设计、薪酬日常管理两个方面。薪酬体系设计主要是薪酬水平设计、薪酬结构设计和薪酬构成设计；薪酬日常管理是由薪酬预算、薪酬支付、薪酬调整组成的循环，这个循环可以称之为薪酬成本管理循环。薪酬设计是薪酬管理最基础的工作，如果薪酬水平、薪酬结构、薪酬构成等方面有问题，企业薪酬管理就不可能取得预定目标。薪酬预算、薪酬支付、薪酬调整工作是薪酬管理的重点工作，应切实加强薪酬日常管理工作，以便实现薪酬管理的目标。薪酬体系建立起来后，应密切关注薪酬日常管理中存在的问题，及时调整公司薪酬策略，调整薪酬水平、薪酬结构以及薪酬构成以实现效率、公平、合法的薪酬目标，从而保证公司发展战略的实现。

二、薪酬管理的原则

（一）合法性原则

合法性原则指企业薪酬制度必须符合法律法规的要求，这是薪酬制度的底线。在薪酬管理方面，我国有许多相关的法律条文，它应作为企业在制定薪酬制度时的依据。如《中华人民共和国劳动法》《中华人民共和国劳动合同法》等法律，以及《最低工资规定》《企业职工患病或非因工负伤医疗期规定》《企业职工工伤保险试行办法》等，企业薪酬制度的制定必须以相关法律为准绳，否则会带来相关的法律问题。

（二）公平性原则

公平性原则是指薪酬分配的合理与平等。薪酬的公平并不是薪酬分配结果的均等或绝对平均，而是分配机会、分配尺度、分配过程和分配规则的公平。过去“大锅饭”式的平均主义薪酬分配，没有体现出各种不同工作的不同价值含量，也没有体现各个员工不同的个人劳动生产率，这便是不公平的表现。

（三）经济性原则

生产决定分配，不仅表现在生产方式决定分配方式，还表现在生产的数量也决定分配的数量，能分配的只是生产成果。因此，薪酬的增长不能超出生产力发展所许可的范围，一定要和工农业生产增长的速度相适应，既不能过高也不能过低。薪酬增长超过了生产的发展，不仅会导致通货膨胀，而且最终影响国民经济的正常发展，人民生活水平下降。即使薪酬增长未超过生产发展，但如果增长幅度过大、频度过快，也同样会带来不良影响。薪酬增长也不能过低过慢。低薪酬不能补偿劳动消耗，极大地压抑了广大员工的生产积极性，结果生产上不去，生活水平下降。生活水平下降，更加挫伤员工积极性，生产更受影响，恶性循环。

（四）物质激励与精神激励相结合的原则

薪酬分配强调的是物质鼓励，分配的基本原则只能是按劳分配。但是薪酬管理工作却不能停留在物质鼓励上。薪酬管理不仅仅是如何合理地进行分配，更重要的是它的工作对象是人的劳动。应该做好人的工作。而人是有思想的，有着各种各样的需要，满足这些需要，才能激发起巨大的劳动热情。所以，劳动薪酬职能科室不仅要搞好薪酬分配，也应配合其他有关科室做好鼓励工作。

（五）薪酬政策导向原则

薪酬政策导向原则强调企业在制定薪酬时必须以企业战略为基础，制定的薪酬政策和制度必须体现企业发展的战略要求。企业的薪酬制度不仅仅是一种制度更是一种机制，合理的薪酬制度驱动和鞭策那些有利于企业发展战略的因素的成长和提高，同时使那些不利于企业发展的战略因素得到有效的遏制、消退和淘汰。因此企业设计薪酬时，必须从企业发展的战略角度进行分析。

三、薪酬管理的作用

薪酬制度是企业人事管理中重要的一环，合理的薪酬制度对企业的发展是有益的，然而薪酬只是手段，并不是企业的最终目的，需要做的是通过建立一套符合企业个案的薪酬制度，达到最佳的激励效果，充分发挥员工的积极性，进而获得最大的企业利润，这才是发挥薪酬制度作用的意义所在。

从企业管理的角度看，薪酬管理的重要性和基本职能主要体现在分配、调节和激励三个方面，因此，薪酬管理的作用也就体现为如下几个方面。

（一）决定着人力资源的合理配置与使用

人力资源的合理配置与使用在社会经济发展中具有特别重大的意义。薪酬作为实现人力资源合理配置的基本手段，在人力资源开发与管理中起着十分重要的作用。薪酬管理也就是要运用薪酬这个人力资源中最重要的经济参数，来引导人力资源向合理的方向运动，从而实现组织目标的最大化。

（二）直接决定着劳动效率

薪酬制度是对人的管理。对人的管理实质上是让被管理者去做管理者想做的事，而要被管理者去做管理者想做的事，除非建立一种机制，使被管理者的行为符合管理者的要求，这样管理才能成功。

现代的薪酬管理三种机制的综合运用包括以下几个方面：

(1) 物质机制。它通过按劳付酬来刺激劳动者具备更多、更精的劳动技巧，来提高劳动效率，获得更多的劳动报酬和更好的工作岗位；

(2) 精神机制。它通过个人贡献奖励来肯定劳动者在劳动中的自我实现，从而体现人本主义观念，并使劳动者明了，只有好的敬业精神，才能实现个人的价值；

(3) 团队机制。它通过劳动者个人业绩与组织目标的关系，来鼓励劳动者参与组织的利润分享，并从组织受益的角度酬谢劳动者所作的努力，使劳动者增强团队意识和合作精神。

实践证明，薪酬管理的意义在于能极大地调动劳动者的积极性、创造性，反之，则会挫伤劳动者的积极性和创造性。

(三) 直接关系到社会的稳定

在我国现阶段，薪酬是劳动者个人消费资料的主要来源，从经济学角度看，薪酬一经向劳动者付出即退出生产领域，进入消费领域。作为消费性的薪酬，保障了劳动者的生活需要，实现了劳动者劳动力的再生产。因此，在薪酬制度的意义中，如果薪酬标准过低，劳动者的基本生活就会受到影响，劳动力的耗费就不能得到完全的补偿，如果薪酬标准过高，又会对产品成本构成较大影响，特别是当薪酬的增长普遍超过劳动生产率的增长时，还会导致成本推动型的通货膨胀，这种膨胀一旦出现，首先从国内来说，一方面会给人民生活直接产生严重影响；另一方面，膨胀造成的一时虚假过度需求，还会促发“泡沫经济”，加剧经济结构的非合理化发展。在确定薪酬调整比例时，要对总体薪酬水平做出准确的预算。在制定和实施薪酬体系过程中，及时的沟通、必要的宣传或培训是保证薪酬改革成功的因素之一。从本质意义上讲，劳动报酬是对人力资源成本与员工需求之间进行权衡的结果。

四、薪酬体系的组成

许多员工都把他们的薪酬看作是他们所获得的能够实际带回家的货币的数量。但是，在设计薪酬体系时，把薪酬看作是“总体薪酬”的概念是十分必要的。总体薪酬不仅包括基础工资，还包括各种附加的报酬（例如：夜班工资、生活成本加薪、晋升加薪等）、绩效工资、奖金和额外的福利。

基础工资+津贴+绩效工资+额外福利=总体薪酬

(一) 基础工资

薪酬体系的基础是基础工资，它体现了工作对于组织的价值，并与外部市场上这一工作的价值相一致。因为这两种价值有时会相互冲突，所以，薪酬体系设计者常常要在内部公平性和外部公平性之间作出艰难的抉择。从事相同工作的不同员工常常因为知识、技能、能力、资历和业绩方面的不同，在基础工资上往往会存在着差异。因此，新员工所获得的基础工资比从事相同工作的经验丰富的老员工要低。工资范围的建立就是为了向从事同一工作或同一组工作的不同员工提供基础工资的上限和下限。工资范围体现了一个工作或者一组工作对于组织的最大价值和最小价值。

（二）津贴

津贴是在基础工资之外的工资差别，它反映了与绩效无关的因素。例如，夜班工资给予那些在车间里进行夜班工作的员工，与他们之间的绩效差异无关。这种工资差别反映了令人不快的工作时间所带来的额外的困难或痛苦。生活成本加薪反映了组织期望通过调整员工工资来防止通货膨胀对员工的购买力造成的冲击。因此，这一部分工资不反映工作或员工绩效的差异。

（三）绩效工资

绩效工资是对基础工资的增加部分，以反映不同员工或不同群体之间的绩效水平的差异。它与任何一种奖金计划之间的差异在于，奖金计划不会变成基础工资的一部分而造成基础工资的持续增加。

（四）额外的福利

额外的福利（也称为间接福利）是工资的附加部分，但常常并不反映在员工所获得的直接薪酬之中。员工在对总体薪酬的公平性进行评价时，福利常常被估价过低。一些公司努力地使员工认识到他们所获得的总体薪酬（包括直接薪酬和间接薪酬）的真实价值，其原因就在这里。

五、薪酬激励

（一）激励原理

激励，简言之就是调动人的工作积极性，把其潜在的能力充分地发挥出来。从组织的角度来说，管理者激励下属，就是要激发和鼓励下属朝着组织所期望的目标表现出积极主动的、符合要求的工作行为。激励原本是心理学的概念，表示某种动机如何产生以及产生的原因是什么，人们朝向既定的目标前行所产生的心理活动是怎样的。因此，激励可以理解为一种起到推动、促进的精神力量，在某种程度上可以发挥行为导向的作用。一些专家学者认为，激励是主体通过运用一些手段或方式来刺激客体以达到预期的目标。在一些大中型企业，激励的目标就是为了调动各个岗位员工的工作积极性、创造性，达到企业盈利的目的。

激励的原理可以从四个层面上进行论述：行为科学理论认为“绩效＝能力—动机激发程度”。在能力不变的条件下，工作成绩的大小在很大程度上取决于受到的激励程度的高低。也就是说，能力是基础、激励是动力，而最为重要的便是客体的积极性、主动性；从需要层次理论上来看，人类生存和发展的必要条件，指某人对目标的渴望而以此激励人们的行为，是个体积极性的源泉和内驱力。

薪酬激励必要性及其原则：激励是管理的核心，而薪酬激励又是企业激励中最重要的也是最有效的激励手段。薪酬激励的目的之一是有效地提高员工工作的积极性，在此基础上促进效率的提高，最终能够促进企业的发展。在企业盈利的同时，员工的能力也能得到很好的提升，实现自我价值。

（二）激励理论

随着人力资源管理理论发展，人们对“薪酬”的认识逐渐发生了变化。薪酬不再仅仅是对员工付出的回报，也成为了激励手段。有效的薪酬激励可以吸引优秀人才进入组织，可以使核心员工留在组织高效工作。

薪酬激励是经济学和管理学研究的重点问题。经济学视角下，比较有影响的薪酬激励理论有：委托代理理论、人力资本理论、按贡献分配理论、分享经济理论、知识价值理论。这些理论从不同侧面说明了薪酬，特别是绩效工资，是一种直接有效的激励手段。相比于经济学“理性人”假设，管理学认为现实中的个体是“社会人”，更具现实意义。尽管各种管理学激励理论阐述重点不同，使用的概念也并不一致，但有一个共同点就是都承认以薪酬为代表的物质激励是激励机制的基础。相关理论主要有需要层次理论、双因素理论、期望理论和激励过程综合理论。

1. 需要层次理论

美国社会心理学家马斯洛的需要层次理论是最著名、最经典的激励基础理论。该理论有两个基本观点：

（1）人的行为由需要推动，一旦需要满足即失去“动力”，只有需要还未满足时才有激励作用。

（2）人的需要分五个层次，它们依次为：生理需要、安全需要、归属与爱的需要、自尊需要和自我实现需要。只有低一层次的需要得到满足时，才能产生高一层次的需要。

美国耶鲁大学心理学家阿德弗重组了马斯洛的需要层次理论，并进行了实证研究提出 ERG 理论。他认为，人有三种核心需要：生存需要（Existence）、关联需要（Relatedness）和成长需要（Growing up requires）。多种需要可以同时存在。如果高层次需要不能得到满足，那么满足低层次需要的愿望会更强烈。因此，多种需要可以同时作为激励因素。但由于个人偏好不同，具体的需要层次结构也会呈现多样性的特征。需求层次结构也会随所处的社会环境和人生状态变化而变化。此外，美国社会心理学家麦克里兰在批判吸收马斯洛理论的基础上，于1961年提出成就激励理论，将人的社会性需要归纳为三个层次，即成就需要、权力需要与合群需要。员工由薪酬而产生的心理感受均会影响这三种需要的满足需要层次理论说明，薪酬在满足员工低层次需要的同时，有助于员工追求高层次需要，具有良好激励效果。基本工资必须设定在足够高的水平，为满足员工的基本生活需要提供经济支持。过高的风险工资会阻碍员工满足自己低层次需要，因此激励作用有限。同时，也应注意薪酬对于员工高层次需要满足的意义。

2. 双因素理论

双因素理论是美国心理学家、管理理论家、行为学家赫茨伯格于1959年在对企业调研的基础上首先提出的。双因素是指激励因素和保健因素，当这些因素恶化到可以接受水平以下时，就会产生“不满意”。激励因素与工作本身相关，保健因素与工作条件和工作关系相关。缺乏保健因素将阻碍员工表现组织期望的行为，但具备保健因素也不能保证员工会表现这种行为。激励因素才是激励员工的主要手段。赫兹伯格的双因素理论与马斯洛的需要层次理论有兼容之处，保健因素和激励因素都可以在马斯洛提出的五种需要中找到对应。

双因素理论对于薪酬激励同样具有指导意义。员工基本工资和福利属于保健因素，应当相对稳定，保障员工基本生活，原则上只升不降。否则会导致员工不满，影响其工作积极性。员工绩效工资属于激励因素，必须在考核的基础上保持其在总薪酬中占据一定比例，才能激发员工工作动力，提高工作绩效。

3. 期望理论

期望理论是美国行为科学家弗隆于1964年在其名著《工作与激励》中首先提出来的。其理论可以用公式表示为：激发力量 = 期望×效价。其基本观点是：一个人把目标的价值看得越大，估计其能实现的概率越高，激励作用就越强。期望理论说明，激励效果取决于奖酬和潜在绩效之间的关系。绩效奖励的水平越高，激励效果越好。组织应当明确工作的任务与职责并且将薪酬与绩效联系。与此同时，员工对自身能力的评价也很重要。组织应该有意识地提供相应的培训和资源，使员工相信自己可以达到绩效标准。

基于期望理论，企业向员工提供的奖励必须是对员工有吸引力的、可达到的。应该注意，不同员工的效价范围和权重取值不同，企业应尽可能采用大多数员工认为效价最大的奖励。适当调整期望概率与实际概率的差距以及达成目标的难易程度。拉开企业期望与非期望行为间的差异，也有助于增强激励效果。

4. 激励过程综合理论

美国行为学家波特和劳勒于1968年在期望理论的基础上，导出一种更加完备的激励过程，被称为激励过程综合理论。该理论认为，工作绩效是一个多维变量，受以下五个因素的影响：

（1）个人能力和素质。

（2）外在的工作条件与环境。

（3）个人对组织期望意图的感悟和理解。

（4）对奖酬公平性的感知。

（5）个人努力程度。

个人工作努力程度的大小取决于对内在外在薪酬价值（特别是内在奖酬价值）的主观评价，以及对努力—绩效关系（即期望值）和绩效—奖酬关系（即工具值）的感知情况。

激励过程理论表明，激励是一个环环相扣的复杂管理过程。企业制定薪酬激励策略时要注意：绩效评价必须与期望的绩效目标紧密衔接，基于绩效的回报一定要紧随已产生的绩效。绩效目标要富有挑战性并且详细具体，奖励金额要与完成目标的难易程度相匹配。同时，企业要重视薪酬体系的公平性。员工对内在外在薪酬价值的主观评价和对产生分配结果的过程的主观评价对激励效果起着非常重要的影响。

【案例详情】奖励的方式？奖励的形式？

小李进入某公司已有八年，工作一直兢兢业业。随着公司的发展，小李也从最初的普通员工升职为部门经理。在他的带领下，部门下属同心同德、齐心协力，每年年终考核成绩都名列各部门之首，成为了全公司的“先进专业户”。公司总经理一直十分器重小李，眼看着马上要进入全年的第四季度，他想能否再额外奖励小李，激励他和部门在年底再创佳绩。总经理根据小李的年薪水平，准备拿出 8000 元作为这次额外奖励的金额，但是奖励的方式和奖励的形式成了他现在最大的难题！

【案例思考】奖励体现激励效果，奖励彰显企业文化

经济学中有货币工资与实际工资的概念。货币工资是指员工单位时间的货币所得。实际工资则是指经物价指数修正后的货币工资。货币是充当一般等价物的特殊商品，员工在进行商品交换过程中真正关心的是货币的实际购买能力。当然，企业没有能力，也没有办法来提高单位货币的购买能力，但是企业可以提高货币的效用。

如果要奖励某个下属 8000 元，宜采用哪些方式？答案通常有现金、笔记本电脑、手机、旅游、培训、超市卡等。一开始，大家认为现金最好，因为谁都认

为钱是最具激励效果的。

随着讨论的深入，大家逐渐意识到：现金并非最优方案。原因很简单：员工拿了钱后仍然要消费。如果 8000 元现金的实际购买能力不高，其带给员工的实际效用未必很高。薪酬激励必须考虑员工个人实际需求，不能一概而论。假如某位员工家里刚添了新丁，显然超市卡对于他（她）的激励性会远高于旅游，因为 8000 元的超市卡至少可以解决孩子的奶粉问题。而对于一个职业生涯处于上升期的员工而言，他会更看重学习和提升。再比如，如果企业能合理整合资源，以团购等形式为员工购买商品其效用可能完全大于给员工现金。

这就牵扯到另一种形式的薪酬——福利。面对企业外部高涨的消费者物价指数（Consumer Price Index，CPI），企业要加强对福利的重视程度。企业在纠结于是否为员工“涨薪”时，不妨换个角度，变“涨薪”为“涨幅”。广义的薪酬包括工资、奖金、福利、津贴等不同形式，其中福利是最具多样性的，提升企业的整体福利水平便是提高工资购买能力最有效的手段。

一方面，企业应加大福利在员工薪酬中的比重，这个比重与员工工资的“含金量”是正相关关系，而且实物福利的比例提升还能变相为员工合理避税，可谓是一举两得。另一方面，企业应积极拓展福利的组成形式，优先考虑拓展员工日常生活必要开销这个层面。根据百度发布的统计，最受网民关注的福利类别是食品。民以食为天，企业可以在员工的三餐问题上多下些功夫。比如福利可以由米、油、水果、奶制品等福利组成，也可以寻求与餐饮机构合作解决员工就餐问题。而对于千人以上的企业一般建议自建食堂，自给自足。企业如能解决占 CPI 34%的食品问题，那便是解决了员工的最大难题。另外，企业也可以考虑在国家 CPI 商品构成中的娱乐教育文化用品及服务、交通通信、医疗保健个人用品/衣着等。比如日用品也是日常消费中比重较大的一部分。如果企业能够通过逐月发放各类日用品来满足员工的日常生活需求，那么员工对于 CPI 上涨的抵御能力就会进一步增加。当然，如果能触“居住”这个内容，必然会受到广大员工的热烈欢迎。例如，在解决未婚员工租房问题上，完全可以由企业出面，以就近原则进行租赁后简单装修，再分租给员工。这样既大大减少员工在租房和上下班过程中的钱财、时间和精力的投入，体现企业的人文关怀，也能实现经济性效果。餐饮及其他服务性行业之所以要将“包吃包住”列为待遇之一的原因也正在于此。因此，不同行业的各类企业应针对员工的福利问题相互借鉴和探讨。

【案例拓展】薪酬保密制度的利弊

Y 公司成立于 1992 年，专门从事汽车销售维修、零部件供应、信息反馈业务，被指定为杭州邻近地区的汽车服务中心，是华东地区规模最大、设备最完善的维修服务中心之一。公司建筑面积近6800多平方米，有员工400余人。拥有外籍的资深维修工程师和强有力的人才技术支持，为员工提供出国深造，专业技能的全方位培训以及优良的发展平台。公司秉承“技术卓越、客户优先、诚信经营”的企业宗旨，全程贯彻服务理念，实现现代化企业管理。历经21年勤奋创业，励精图治，公司获得了一次次飞跃发展，销售业绩一次一次被刷新，在全国60家经销商的专业评估中名列前茅。

Y公司现行的工资制度可归纳为以下两类：管理人员和技术人员实行职务等级工资制度，销售人员实行销售提成制，对于担任同一职务的管理人员和技术人员具有相同的职务薪酬标准。企业根据职务的差别是决定薪酬差别的最主要因素。薪酬结构及比例具体如下：

总体薪酬=固定职位工资+奖金+福利。其中，固定职位工资占总薪酬的50%；奖金和福利共占总薪酬的50%，奖金主要按绩效考核成绩评定，其绩效考核方式采取直接上级领导主观评分的方式，基本上每个员工都能拿到全额奖金，无论公司业绩成果如何，工资基本不受其影响。所有的销售人员都采用统一的底薪如：800元/月，每个月没有指定的销售额，销售提成按照统一的标准发放，如：300元/台，根据销售状况的好坏，每月会有略微调整。Y公司的福利项目包括法律法规的“五险一金”和有薪假。

公司实行薪酬保密制度，员工不知自己的工资中扣了什么部分和因何而扣，也不知自己业绩提升是否得到领导的了解和认可。员工往往通过非正式渠道知道同事的工资标准，经常会引起员工之间的猜忌和矛盾。员工也通过各种渠道了解本行业的典型岗位的薪酬趋势和范围。因此员工对公司薪酬制度的激励性和竞争性产生了强烈怀疑。

思考：薪酬保密制度的利弊。

一、薪酬保密制度的优点

（1）减少员工间的工资攀比，维持员工间的和谐气氛。

（2）保护高薪员工的利益；低薪员工不被歧视。

（3）能给管理者更大的自由度，他们不必为所有的工资差异做出解释。

（4）如果公司是按能力付酬，同一岗位意义员工能力的不同，薪酬待遇会不同。而一旦将薪酬公开，员工就会认为不公，没有做到同工同酬。这会加大公司人才的外流，不利于公司和人才的稳定发展。

（5）如果业绩评估系本身不科学，会把不科学的因素引入薪酬体系当中，当这种不科学在短期内难以改善时，薪酬公开有害无益。

（6）为企业在薪酬调查上提供了较大的弹性空间。

二、薪酬保密制度的缺点

(1) 没有真正的保密。

(2) 缺乏对员工的激励改进；保密发放常常伴随着不信任感，模糊心理和身处局外的感觉。

(3) 员工之间相互猜忌，积极性不高，团队合作不顺畅的现象。

(4) 薪酬保密制度还模糊了收入和绩效的联系，不利于开展提供生产效率和积极性这类需要薪酬高度透明化的活动。

【拓展思考】

1. 作为HR，应如何向企业员工解读“广义薪酬”？

2. 调查某企业的薪酬制度，并归纳其特点和优势。

3. 猎人与狗。

一条猎狗将兔子赶出了窝，一直追赶，追了很久仍没有捉到。牧羊人看到此种情景，讥笑猎狗说你们两个之间小的反而跑得快得多。猎狗回答说：你不知道我们两个跑得是完全不同的！我仅仅为了一顿饭而跑，他却是为了性命而跑呀！

这话被猎人听到了，猎人想：猎狗说得对啊，那我要想得到更多的猎物，得想个好法子。于是，猎人又买来几条猎狗，凡是能够在打猎中捉到兔子的，就可以得到几根骨头，捉不到的就没有饭吃。这一招果然有用，猎狗们纷纷去努力追兔子，因为谁都不愿意看着别人有骨头吃，自己没得吃。

就这样过了一段时间，问题又出现了。大兔子非常难捉到，小兔子好捉，但捉到大兔子得到的奖赏和捉到小兔子得到的骨头差不多，猎狗们善于观察，发现了这个窍门，专门去捉小兔子。慢慢地，大家都发现了这个窍门。猎人对猎狗说：最近你们捉的兔子越来越小了，为什么？猎狗们说：反正没有什么大的区别，为什么费那么大的劲去捉那些大的呢？

猎人经过思考后，决定不将分得骨头的数量与是否捉到兔子挂钩，而是采用每过一段时间，就统计一次猎狗捉到兔子的总重量。按照重量来评价猎狗，决定一段时间内的待遇。于是猎狗们捉到兔子的数量和重量都增加了。猎人很开心。但是过了一段时间，猎人发现，猎狗们捉兔子的数量又少了，而且越有经验的猎狗，捉兔子的数量下降的就越厉害。于是猎人又去问猎狗。猎狗说我们把最好的时间都奉献给了您，主人，但是我们随着时间的推移会老，当我们捉不到兔子的时候，您还会给我们骨头吃吗？

猎人做了论功行赏的决定。分析与汇总了所有猎狗捉到兔子的数量与重量，规定如果捉到的兔子超过了一定的数量后，即使捉不到兔子，每顿饭也可以得到一定数量的骨头。猎狗们都很高兴，大家都努力去达到猎人规定的数量。一段时间过后，终于有一些猎狗达到了猎人规定的数量。这时，其中有一只猎狗说：我们这么努力，只得到几根骨头，而我们捉的猎物远远超过了这几根骨头。我们为什么不能给自己捉兔子呢？于是，有些猎狗离开了猎人，自己捉兔子去了。

猎人意识到猎狗正在流失，并且那些流失的猎狗像野狗一般和自己的猎狗抢兔子。情况变得越来越糟，猎人不得已引诱了一条野狗，问他到底野狗比猎狗强在哪儿。野狗说：猎狗吃的是骨头，吐出来的是肉啊！接着又道：也不是所有的野狗都顿顿有肉吃，大部分最后骨头都没的舔！不然也不至于被你诱惑。于是猎人进行了改革，使得每条猎狗除基本骨头外，可获得其所猎兔肉总量的$n\%$，而且随着服务时间加长，贡献变大，该比例还可递增，并有权分享猎人总兔肉的$m\%$。就这样，猎狗们与猎人一起努力，将野狗们逼得叫苦连天，纷纷强烈要求重归猎狗队伍。

思考：你从故事中获得哪些启发？

案例七　S宾馆的劳动争议“风波”

【背景知识】劳动关系概述

一、劳动关系理论

西方学者从不同的立场和对象的认识出发，得出了不同的结论，形成了具有代表性的五个学派：新保守学派、管理主义学派、正统多元论学派、自由改革主义学派、激进派。

这些学派的相似之处在于，都承认雇员和管理方之间存在目标和利益的差异。表7-1是各学派的主要观点和假设，并从六个方面进行了比较、归纳。

表7-1　劳动关系各学派比较

观点	学派				
	新保守学派	管理主义学派	正统多元论学派	自由改革主义学派	激进派
主要关注	效用最大化	员工忠诚度的最大化	均衡效用和公平	减少不公平和不公正	减少体系内的力量不均衡
主要研究	劳动力市场	管理政策和实践	工会、劳动法和集体谈判	员工的社会问题	冲突和控制
双方力量差异的重要性	不重要——由市场力量补救	若管理方接受进步的管理方法，就不很重要	一般重要	相当重要，不公平的主要来源	非常重要，体系内“劳动”和“资本”之间力量不均衡
内在冲突的程度	根本没有——由市场力量弥补	若管理方接受进步的实践，就很少	一般，受到公众利益为中心的局限	依据情况而定，在“核心”低，在“周边”高	尽管是依据员工力量而变化的，却是基础性的
对集体谈判中的工会的评估	对经济和社会产生负面影响	矛盾心理：取决于合作双方的愿望	正向的“社会”效应，中性甚或正向的经济效应	在“周边”无效，在“核心”有有限效应	在资本主义社会，其效率具有内在局限性

续表 7-1

观点	学派				
	新保守学派	管理主义学派	正统多元论学派	自由改革主义学派	激进派
解决的办法	减少工会和政府对市场的干预	推进进步的管理并增强劳动者和管理方的合作	保护工人集体谈判的权利，最低标准立法	增加政府干预和增强劳动法改革	激进的制度变化；员工所有和员工自治

二、劳动关系的内涵

（一）劳动关系的定义和特征

1. 定义

从广义上讲，生活在城市和农村的任何劳动者与任何性质的用人单位之间因从事劳动而结成的社会关系都属于劳动关系的范畴。从狭义上讲，现实经济生活中的劳动关系是指依照国家劳动法律法规规范的劳动法律关系，即双方当事人是被一定的劳动法律规范所规定和确认的权利和义务联系在一起的，其权利和义务的实现，是由国家强制力来保障的。劳动法律关系的一方（劳动者）必须加入某一个用人单位，成为该单位的一员，并参加单位的生产劳动，遵守单位内部的劳动规则；而另一方（用人单位）则必须按照劳动者的劳动数量或质量付给其报酬，提供工作条件，并不断改进劳动者的物质文化生活。

2. 特征

劳动关系是指劳动力所有者（劳动者）与劳动力使用者（用人单位）之间，为实现劳动过程而发生的一方有偿提供劳动力，由另一方用于同其生产资料相结合的社会关系。从理论上说，劳动关系的具体特征可概括为以下几方面：

（1）劳动关系是指用人单位招用劳动者为其成员，劳动者在用人单位的管理下提供有报酬的劳动而产生的权利义务关系。

劳动关系是一种劳动力与生产资料的结合关系。因为从劳动关系的主体上说，当事人一方固定为劳动力所有者和支出者，称为劳动者；另一方固定为生产资料所有者和劳动力使用者，称用人单位（或雇主）。劳动关系的本质是强调劳动者将其所有的劳动力与用人单位的生产资料相结合。这种结合关系从用人单位的角度观察就是对劳动力的使用，将劳动者提供的劳动力作为一种生产要素纳入其生产过程。在劳动关系中，劳动力始终作为一种生产要素而存在，而非产品。这是劳动关系区别于劳务关系的本质特征，后者劳动者所有的劳动力往往是作为一种劳务产品而输出，体现的是一种买卖关系或者加工承揽关系等。

（2）劳动关系是具有显著从属性的劳动组织关系。

劳动关系一旦形成，劳动关系的一方是劳动者，要成为另一方所在用人单位的成员。所以，虽然双方的劳动关系是建立在平等自愿、协商一致的基础上，但劳动关系建立后，双方在职责上则具有了从属关系。用人单位作为劳动力使用者，要安排劳动者在组织内和生产资料结合；而劳动者则要通过运用自身的劳动能力，完成用人单位交给的各项生产任务，并遵守单位内部的规章制度。这种从属性的劳动组织关系具有很强的隶属性质，即成为一种隶属主体间的指挥和服从为特征的管理关系。而劳务关系的当事人双方则是无组织从属性。

（3）劳动关系是人身关系。

由于劳动力的存在和支出与劳动者人身不可须臾分离，劳动者向用人单位提供劳动力，实际上就是劳动者将其人身在一定限度内交给用人单位，因而劳动关系就其本质意义上说是一种人身关系。但是，由于劳动者是以让渡劳动力使用权来换取生活资料，用人单位要向劳动者支付工资等物质待遇。就此意义而言，劳动关系同时又是一种以劳动力交易为内容的财产关系。

（二）劳动关系和雇佣关系的区别

广义上的雇佣关系包含“劳动关系”，对二者的区别，中国台湾著名学者史尚宽先生认为主要有两个方面：一是劳动契约的受雇人与雇佣人间存在“特殊的从属关系”，受雇人的劳动须“在于高度服从雇方之情形下行之”；二是劳动者系提供其职业上之劳动力。

1. 主体方面的不同

雇佣关系中的用工主体范围相当广泛，可以是自然人、法人或其他组织。

劳动关系中的用工主体按照《中华人民共和国劳动法》第 2 条的规定，主要指中华人民共和国境内的企业、个体经济组织，同时包括与劳动者建立劳动合同关系的国家机关、事业组织、社会团体。同时依照《工伤保险条例》第 2 条和第 63 条的规定，非法用工单位和劳动者发生的劳动关系也按照劳动关系处理。因此，如果用工主体仅因为违反法律规定没有办理获得合法主体资格的手续，但已经具备了“用人单位”的其他形式要件，也可以将其认定为劳动中的“用人单位”，只是该“用人单位”是非法的（至于其自身的违法问题，应当由工商部门予以纠正）。

2. 主体地位不同

雇佣关系中主体地位是平等的。它们之间是一种“劳务”与“报酬”之间的交换，受雇人可以不遵守雇佣方的内部规定（当然也不享受雇佣方的福利待遇），受雇人还可以同时选择给两家以上的雇佣方提供劳务。

劳动关系主体双方具有行政上的隶属关系。劳动者是用人单位的内部成员，应当遵守其内部的规章制度，服从单位的领导与安排（当然也享受单位的社保、医保等福利待遇）。在一般情况下，用人单位只允许劳动者在其一家单位上班。

因此，用人单位制定的规章制度和奖励惩罚措施可以约束其内部员工，但未经受雇人同意却不得约束受雇人。受雇人只需要按照雇佣契约完成工作任务，无需接受雇佣人的其他无理指示。雇佣关系强调成果之给付，而劳动关系则强调劳动者与生产资料相结合的劳动过程。

3. 权利义务及国家对其的干预程度不同

雇佣关系是一种私法上的关系，强调当事人双方的意思自治，只要当事人双方的约定不违反法律的强行性规定，不违反公序良俗，国家就不予干预，其权利义务的调整主要参照《民法通则》等民事法律规范。

而对于劳动关系则有大量的劳动法规予以规制，比如劳动法对工作时间、最低工资、休息制度、工伤保险等等。调整其权利义务法律是介乎公私法之间的混合法——西方法学界称之为“社会法”。

4. 处理机制不同

雇佣关系中发生的纠纷应当按照民事争议处理，而劳动争议的解决则应该按照劳动法的相关规定。

按照现行的劳动法律规范，发生劳动争议必须先进行劳动仲裁，如果不服仲裁才能向法院起诉。而雇佣关系中发生纠纷，可以直接向人民法院起诉，不需要经过仲裁程序。

三、劳动关系与劳务关系的区别

（一）规范劳动关系与劳务关系在法律依据的主要区别

劳动关系由《中华人民共和国劳动法》规范和调整，而且建立劳动关系必须签订书面劳动合同。劳务关系由《中华人民共和国民法典》（原《中华人民共和国民法通则》和《中华人民共和国合同法》已于2021年1月1日起同时废止）进行规范和调整，建立和存在劳务关系的当事人之间是否签订书面劳务合同，由当事人双方协商确定。

（二）劳动关系主体与劳务关系主体的区别

劳动关系中的一方应是符合法定条件的用人单位，另一方只能是自然人，而且必须是符合劳动年龄条件，且具有与履行劳动合同义务相适应的能力的自然人；劳务关系的主体类型较多，如可以是两个用人单位，也可以是两个自然人。法律法规对劳务关系主体的要求，不如对劳动关系主体要求的那么严格。

（三）当事人之间在隶属关系方面的区别

处于劳动关系中的用人单位与当事人之间存在着隶属关系是劳动关系的主要特征。隶属关系的含义是指劳动者成为用人单位中的一员，即当事人成为该用人单位的职工或员工（以下统称职工）。因为用人单位的职工与用人单位之间存在劳动关系这是不争的事实。而劳务关系中，不存在一方当事人是另一方当事人的职工这种隶属关系。如某一居民使用一名按小时计酬的家政服务员，家政服务员不可能是该户居民家的职工，与该居民也不可能存在劳动关系。

（四）当事人之间在承担义务方面的区别

劳动关系中的用人单位必须按照法律法规和地方规章等为职工承担社会保险义务，且用人单位承担其职工的社会保险义务是法律的确定性规范；而劳务关系中的一方当事人不存在必须承担另一方当事人社会保险的义务。如居民不必为其雇用的家政服务员承担缴纳社会保险的义务。

（五）用人单位对当事人在管理方面的区别

用人单位具有对劳动者违章违纪进行处理的管理权。如对职工严重违反用人单位劳动纪律和规章制度、严重失职、营私舞弊等行为进行处理，有权依据其依法制定的规章制度解除当事人的劳动合同，或者对当事人给予警告、记过、降职等处分；劳务关系中的一方对另一方的处理虽然也有不再使用的权利，或者要求当事人承担一定的经济责任，但不含当事人一方取消当事人另一方本单位职工“身份”这一形式，即不包括对其解除劳动合同或给予其他纪律处分形式。

在支付报酬方面的区别。劳动关系中的用人单位对劳动者具有行使工资、奖金等方面的分配权利。分配关系通常包括表现为劳动报酬范畴的工资和奖金，以及由此派生的社会保险关系等。用人单位向劳动者支付的工资应遵循按劳分配、同工同酬的原则，必须遵守当地有关最低工资标准的规定；而在劳务关系中的一方当事人向另一方支付的报酬由双方协商确定，当事人得到的是根据权利义务平等、公平等原则事先约定的报酬。

四、关于确立劳动关系有关事项

劳动和社会保障厅为规范用人单位用工行为，保护劳动者合法权益，促进社会稳定，现就用人单位与劳动者确立劳动关系的有关事项做了规定。

（1）用人单位招用劳动者未订立书面劳动合同，但同时具备下列情形的，劳动关系成立。

1）用人单位和劳动者符合法律、法规规定的主体资格；

2）用人单位依法制定的各项劳动规章制度适用于劳动者，劳动者受用人单位的劳动管理，从事用人单位安排的有报酬的劳动；

3）劳动者提供的劳动是用人单位业务的组成部分。

（2）用人单位未与劳动者签订劳动合同，认定双方存在劳动关系时可参照下列凭证：

1）工资支付凭证或记录（职工工资发放花名册）、缴纳各项社会保险费的记录；

2）用人单位向劳动者发放的“工作证”“服务证”等能够证明身份的证件；

3）劳动者填写的用人单位招工招聘“登记表”“报名表”等招用记录；

4）考勤记录；

5）其他劳动者的证言等。

其中，1）、3）、4）项的有关凭证由用人单位负举证责任。

（3）用人单位招用劳动者符合第一条规定的情形的，用人单位应当与劳动者补签劳动合同，劳动合同期限由双方协商确定。协商不一致的，任何一方均可提出终止劳动关系，但对符合签订无固定期限劳动合同条件的劳动者，如果劳动者提出订立无固定期限劳动合同，用人单位应当订立。

用人单位提出终止劳动关系的，应当按照劳动者在本单位工作年限每满一年支付一个月工资的经济补偿金。

（4）建筑施工、矿山企业等用人单位将工程（业务）或经营权发包给不具备用工主体资格的组织或自然人，对该组织或自然人招用的劳动者，由具备用工主体资格的发包方承担用工主体责任。

（5）劳动者与用人单位就是否存在劳动关系引发争议的，可以向有管辖权的劳动争议仲裁委员会申请仲裁。

【案例详情】劳动争议的焦点

2016 年，张某于某旅游职高毕业，同年 8 月 1 日被 S 宾馆录用为客房服务员，双方签订了三年期的劳动合同，张某在两个月的工作期间，迟到 5 次，3 次与客人争吵，并且不服从领班和值班经理的批评教育。10 月 8 日，S 宾馆书面通知调动张某到洗衣房工作，若对方不同意，限其三个月内另谋出路，在此期间工资只按当地最低工资标准发放。张某接到通知后不同意工作调动，也表示找不到其他工作；同时，张某仍存在迟到和与顾客吵架现象，三个月后即 2017 年 1 月 9 日，S 宾馆以“试用期严重违反劳动纪律，不服从工作安排”为由，解除了与张某劳动合同。张某随即申诉到劳动争议仲裁机构，要求维持原劳动关系。

思考：针对案例背景做出全面评析，并对 S 宾馆应如何加强管理提出建议。

【案例思考】全面评析　合理建议

一、焦点一：试用期

《中华人民共和国劳动合同法》第十九条关于试用期的规定：

劳动合同期限三个月以上不满一年的，试用期不得超过一个月；劳动合同期限一年以上不满三年的，试用期不得超过两个月；三年以上固定期限和无固定期限的劳动合同，试用期不得超过六个月。同一用人单位与同一劳动者只能约定一次试用期。以完成一定工作任务为期限的劳动合同或者劳动合同期限不满三个月的，不得约定试用期。试用期包含在劳动合同期限内。劳动合同仅约定试用期的，试用期不成立，该期限为劳动合同期限。

二、焦点二：最低工资标准

涉及最低工资标准有：

(1)《中华人民共和国劳动合同法》第二十条规定：劳动者在试用期的工资不得低于本单位相同岗位最低档工资或者劳动合同约定工资的 80%，并不得低于用人单位所在地的最低工资标准。实践中一些用人单位对这条规定的理解产生过歧义，认为这里的 80% 仅指约定工资的 80%，不包括本单位相同岗位的最低档工资。为减少分歧，《劳动法实施条例》对上述问题作出了明确规定。其第十五条规定，劳动者在试用期的工资不得低于本单位相同岗位最低档工资的 80% 或者不得低于劳动合同约定工资的 80%，并不得低于用人单位所在地的最低工资标准。

(2)《中华人民共和国劳动法》第四十八条规定：国家实行最低工资保障制度，用人单位支付劳动者的工资不得低于当地最低工资标准。最低工资的具体标准由省、自治区、直辖市人民政府规定，报国务院备案。

(3)《工资支付暂行规定》规定：因劳动者本人原因给用人单位造成经济损失的，用人单位可按照劳动合同的约定要求其赔偿经济损失。经济损失的赔偿，可从劳动者本人的工资中扣除。但每月扣除的部分不得超过劳动者当月工资的 20%。若扣除后的剩余工资部分低于当地月最低工资标准，则按最低工资标准支付。

(4)《最低工资规定》规定：

在劳动者提供正常劳动的情况下，用人单位应支付给劳动者的工资在剔除下列各项以后，不得低于当地最低工资标准：

1）延长工作时间工资。

2）中班、夜班、高温、低温、井下、有毒有害等特殊工作环境、条件下的津贴。

3）法律、法规和国家规定的劳动者福利待遇等。

4）劳动者由于本人原因造成在法定工作时间内或依法签订的劳动合同约定的工作时间内未提供正常劳动的，不适用于本条规定。

（5）《关于贯彻执行中华人民共和国劳动法若干问题的意见》规定：

职工患病或非因工负伤治疗期间，在规定的医疗期间内由企业按有关规定支付其病假工资或疾病救济费，病假工资或疾病救济费可以低于当地最低工资标准支付，但不能低于最低工资标准的80%。

（6）《工资支付暂行规定》规定：非因劳动者原因造成单位停工、停产在一个工资支付周期内的，用人单位应按劳动合同规定的标准支付劳动者工资。超过一个工资支付周期的，若劳动者没有提供正常劳动，用人单位没有安排劳动者工作的，应当按不低于当地最低工资标准的70%支付劳动者生活费。

三、焦点三：违纪行为是否可以解除劳动合同

《中华人民共和国劳动合同法》规定。

劳动者有下列情形之一的，用人单位可以解除劳动合同：

（1）在试用期间被证明不符合录用条件的。

（2）严重违反用人单位的规章制度的。

（3）严重失职，营私舞弊，给用人单位造成重大损害的。

（4）劳动者同时与其他用人单位建立劳动关系，对完成本单位的工作任务造成严重影响，或者经用人单位提出，拒不改正的。

（5）因本法第二十六条 第一款第一项规定的情形致使劳动合同无效的（以欺诈、胁迫的手段或者乘人之危，使对方在违背真实意思的情况下订立或者变更劳动合同的）。

（6）被依法追究刑事责任的。

《中华人民共和国劳动合同法》规定：

有下列情形之一的，用人单位提前三十日以书面形式通知劳动者本人或者额外支付劳动者一个月工资后，可以解除劳动合同：

（1）劳动者患病或者非因工负伤，在规定的医疗期满后不能从事原工作，也不能从事由用人单位另行安排的工作的。

（2）劳动者不能胜任工作，经过培训或者调整工作岗位，仍不能胜任工作的。

（3）劳动合同订立时所依据的客观情况发生重大变化，致使劳动合同无法履行，经用人单位与劳动者协商，未能就变更劳动合同内容达成协议的。

《中华人民共和国劳动合同法》规定：用人单位单方解除劳动合同，应当事先将理由通知工会。用人单位违反法律、行政法规规定或者劳动合同约定的，工会有权要求用人单位纠正。用人单位应当研究工会的意见，并将处理结果书面通知工会。

四、焦点四：工作岗位调动处理

《中华人民共和国劳动法》规定订立和变更劳动合同，应当遵循平等自愿、协商一致的原则，不得违反法律、行政法规的规定。

《中华人民共和国劳动合同法》第十七条规定，劳动合同应当具备以下条款：

（1）用人单位的名称、住所和法定代表人或者主要负责人。

（2）劳动者的姓名、住址和居民身份证或者其他有效身份证件号码。

（3）劳动合同期限。

（4）工作内容和工作地点。

（5）工作时间和休息休假。

（6）劳动报酬。

（7）社会保险。

（8）劳动保护、劳动条件和职业危害防护。

（9）法律、法规规定应当纳入劳动合同的其他事项。劳动合同除前款规定的必备条款外，用人单位与劳动者可以约定试用期、培训、保守秘密、补充保险和福利待遇等其他事项。

五、全面评析与合理建议

（一）全面评析

（1）试用期为劳动合同的约定条款而非法定必备条款。本案例未说明是否约定试用期，因而企业解除劳动合同的理由不成立。

（2）张某在工作中存在违纪行为，但判断张某是否属于严重违纪，企业必须依据已公示的，且经过合法程序制定的企业内部劳动规章制度，本案企业未能清楚举证相关制度规定。

（3）调整张某的工作岗位属合同的变更，应依据《劳动合同法》的有关规定，企业单方要求甚至胁迫，违反国家规定。

（4）在三个月期间只按当地最低工资标准发放张某的工资没有依据，工资支付应按照劳动合同约定的标准支付。

（二）宾馆内部管理存在问题

（1）在劳动合同管理方面应有符合法律规范的劳动合同文本，并且应当对约定条款如试用期等做出具体规定。

（2）在劳动纪律方面应明确规定何为严重违纪，违反劳动纪律应承担何种责任。

（三）合理建议

基于本案例，至少有两个方面工作应当引起S宾馆的重视：

（1）强化新员工入职培训及宾馆日常员工培训工作，了解公司的各种规章制度，通过宣传教育，逐步树立旅游服务业正确的职业价值观，尽快融入组织。

（2）相关部门，特别是人力资源部门，应当重视劳动法律法规的学习，增强执行国家劳动法律法规的意识。

【案例拓展】同一用人单位与同一劳动者只能约定一次试用期的理解与适用

“一次试用期”，意在禁止用人单位滥用劳动合同试用期侵犯劳动者权益。但是，实践中对于该条款的理解却存在较大争议：是否无论何种情况，同一用人单位与同一劳动者都不得再次约定试用期呢？

根据《劳动部关于实行劳动合同制度若干问题的通知》规定，用人单位对工作岗位没有发生变化的同一劳动者只能试用一次。那么，在劳动者工作岗位发生变化，或离职后再入职的情况下，用人单位与劳动者都不可再次约定试用期吗？厦门法院的判例，或有所启发。

一、当事人信息

原告：胡×林，男，1980年5月8日出生，汉族，住江西省抚州市临川区。

委托诉讼代理人：彭×兰（系胡×林之妻），女，汉族，1980年8月13日出生，住福建省厦门市翔安区。

被告：厦门林×贺航空发动机股份有限公司，住所地中国（福建）自由贸易试验区厦门片区象屿路97号厦门国际航运中心。

法定代表人：陈×明，董事长。

委托诉讼代理人：陈×鸣、叶×婵，福建××律师事务所执业律师。

二、审理经过

原告胡×林与被告厦门林×贺航空发动机股份有限公司（以下简称林×贺公司）

劳动争议一案，本院于 2016 年 8 月 3 日立案受理后，依法由代理审判员王×安适用简易程序于 2016 年 9 月 20 日公开开庭进行了审理。原告胡×林及其委托代理人彭×兰，被告林×贺公司之委托代理人陈×鸣到庭参加诉讼。本案现已审理终结。

（一）胡×林向本院提出诉讼请求

（1）林×贺公司向胡×林补回 3 个月重复试用期少发的工资 3000 元（期限为 2014 年 2 月至 4 月），并支付 3 个月赔偿金 6500 元/月，合计 22500 元；

（2）林×贺公司向胡×林支付在职期间拖欠的周六加班 54914 元（2014 年 45 天计加班费 23534 元，2015 年 50 天计加班费 26149 元，2016 年 10 天计加班费 5230 元），并加付少于 100%的赔偿金 54913 元，合计 109827 元；

（3）林×贺公司向胡×林支付 2014 年 2 月 10 日至 2016 年 4 月 5 日因未安排员工法定年休假工资而应支付的赔偿金共计 17931 元（2014 年 8 天计 7172 元，2015 年 10 天计 8966 元，2016 年 2 天计 1793 元），并加付少于 100%的赔偿金 16137 元，合计 34068 元；

（4）林×贺公司向胡×林支付因每年 2 月份停工 4 天少支付工资 3640 元（其中 2014 年 2 月计 776 元，2015 年 2 月计 1444 元，2016 年 2 月计 1444 元），并加付少于 100%的赔偿金 3639 元，合计 7279 元；

（5）林×贺公司向胡×林支付病假工资 717 元（2014 年 6 月 5 日、12 日、2015 年 7 月 14 日共 3 天工资，计算公式：6500/21. 75×80%×3 天），并加计赔偿金 716 元，合计 1433 元；

（6）林×贺公司向胡×林支付合同期间的经济补偿金 19500 元（总计在司工龄 28 个月应支付 3 个月工资，按合同工资 6500 元/月×3 计算），以上各项总计 194607 元；

（7）林×贺公司向胡×林补缴社会公积金合计 1080 元（自 2013 年 3 月 1 日起至 4 月 30 日止按胡×林工资 4500 元/月计算，自 2014 年 2 月 10 日起至 2016 年 4 月 6 日止按原告工资 6500 元/月总额的 12%基数缴交期间合计 21060 元，计 27 个月，共计 22140 元）。

（二）案情事实

原仲裁裁决认定事实错误。本案在案证据，可以清楚说明原裁决书的裁定结果缺乏基本的公平、公正，以及无法律依据，对劳动者造成严重的伤害。对一家缺乏诚信的企业进行特殊保护，并且裁决事项，罔顾法律法规，特向同安区人民法院提起诉讼，维护公民的基本的权利。

（三）法院经审理查明

2013 年 3 月 1 日，胡×林入职林×贺公司，岗位为装配工，2013 年 4 月 30

日，胡×林辞职。2014年2月10日，胡×林再次入职林×贺公司，双方签订书面劳动合同，约定岗位为装配工兼售后技术员，试用期四个月，试用期工资5500元，试用期满月工资6500元。双方于当日签订《劳动合同补充协议》，其中第五条约定：胡×林的工资由标准工资、加班加点工资和绩效工资组成，其中标准工资为6500元/月，标准工资包括基础（占标准工资的80%）和绩效工资（占标准工资的20%），即基础工资为5200元/月，绩效工资1300元/月，双方协商确认以3640元/月作为标准工时制，综合计算工时工作制，不定时工作制度下依法计算胡×林加班工资的基数，亦作为休假工资报酬的计算基数（占基础工资的70%），基础工资中的30%作为各种津贴。

2013年3月1日，双方签订《入职通知书》，第6点：“薪资与工作：…每周六天工作制，该薪资已包含周六加班费用。”2016年4月6日，胡×林以林×贺公司违反《劳动法》《劳动合同法》等规定，其无法继续履行《劳动合同》为由提出离职，并于2016年5月4日向厦门市同安区劳动争议仲裁委员会提起劳动仲裁，请求裁决：

（1）解除胡×林与林×贺公司之间的劳动关系。

（2）林×贺公司向胡×林补回4个月重复试用期少发的工资4000元，并支付4个月赔偿金6500元/月，计26000元，合计30000元。

（3）林×贺公司向胡×林支付在职期间拖欠的周六加班费54914元，并加付少于100%赔偿金54913元，合计109827元。

（4）林×贺公司向胡×林支付在职期间未安排员工法定年休假工资17931元，并加付少于100%的赔偿金16137元，合计34068元。

（5）林×贺公司向胡×林支付因每年2月份停工4天少支付的工资3640元，并加付少于100%的赔偿金3639元，合计7279元。

（6）林×贺公司向胡×林支付病假工资717元，并加付赔偿金716元，合计1433元。

（7）林×贺公司向胡×林支付合同期间的经济补偿金19500元，以上各项合计208906元。

同安区劳动争议仲裁委员会作出同劳仲委［2016］262号裁决书，裁决：确认胡×林与林×贺公司之间的劳动关系于2016年4月7日解除；林×贺公司应于本裁决生效之日起七日内一次性支付胡×林年休假工资5379元。

三、法院观点

法院认为，本院系劳动争议纠纷，本案劳动仲裁第一项裁决：“胡×林与林×贺公司之间的劳动关系于2016年4月7日解除”，双方当事人均未就此提起诉讼，视为双方均无异议，本院确认胡×林与林×贺公司的劳动关系于2016年4月

7日解除。结合上述本院认定的事实，对胡×林的诉讼请求逐一分析如下：

（1）补发重复试用期工资。

因胡×林与林×贺公司的第二段劳动关系具有独立性，林×贺公司有权就全新的劳动关系约定试用期，故对胡×林的该项诉讼请求，不予支持。

（2）周六加班费。

林×贺公司通过《劳动合同补充协议》《入职通知书》等对一周六天工作制、周六加班费的计算方式进行了详细说明，并经胡×林的确认，故对其该项诉求，不予支持。

（3）未休年休假工资。

经上述分析，林×贺公司应支付胡×林未休年休假11天、按其日工资收入的300%计算的报酬共计9862元（计算公式：11天×6500元/月÷21.75天×3）。

（4）停工工资。

因停工并非因胡×林个人意愿导致，而是林×贺公司根据自身生产情况作出的安排，故林×贺应支付停工工资2390元（计算公式：6500元/月÷21.75天×8天）。

（5）病假工资。

胡×林不能举证证明其请假履行了公司的正常请病假手续，故对其要求林×贺公司支付病假工资的诉求不予支持。

（6）经济补偿金。

因林×贺公司存在未足额发放劳动报酬的情形，故胡×林以此要求其支付经济赔偿金依法有据，林×贺公司应支付胡×林经济补偿金共计16250元（计算公式：6500元/月×2.5个月）。

（7）未足额发放报酬的赔偿金。

因劳动行政部门未就该项先行作出处理，故对胡×林要求因林×贺公司未支付其未休年休假工资、停工期间工资而加付100%赔偿金的诉求不予支持。胡×林关于补缴社会公积金的诉求未经劳动仲裁前置程序，且该项也不属于法院受理范围，故本院不予审理。综上，林×贺公司应支付胡×林以上各项共计28502元。综上，依照《中华人民共和国劳动合同法》第十九条、第三十八条第一款、第四十六条第一款、第八十五条，《工资支付暂行条例》第十二条、《退伍士兵安置条例》第四十四条，《职工带薪年休假条例》第三条，《企业职工带薪年休假实施办法》第五条、第十条，《中华人民共和国民事诉讼法》第六十四条第一款之规定，判决如下……。

【拓展思考】

1. 该公司对姜某的处理是否正确？姜某的要求是否合理，为什么？

案情：姜某于 2006 年 5 月 8 日到 MNB 公司应聘总经理职务，应聘时姜某在《应聘申请表》的“经历”一栏填写了 2002~2006 年（5 月）被派驻澳洲，任澳洲某进出口公司总经理。MNB 公司董事长看了姜某的简历后认为，姜某工作经历非常符合公司所急需的外贸人才的要求，但考虑到公司对姜某的实际工作能力缺乏了解，决定先行试用。于是，董事长在应聘表格中批示：“同意从 2006 年 5 月 8 日起试任总经理职务，试用期工资待遇根据本人能力而定，试用合格后工资为每月 5000 元，若不能胜任总经理一职即予辞退”。事后，双方未签订劳动合同，亦未约定试用期间的工资报酬，而是根据《MNB 公司管理人员岗位基本工资标准》规定，总经理工资标准为每月 2500 元，姜某亦清楚此规定。2006 年 5 月 30 日，MNB 公司以姜某在试用期内工作表现不符合公司要求、虚造简历、不如实汇报工作情况等为由，将姜某辞退，并根据上述公司规定的工资标准和姜某实际工作的时间，支付了 2000 元工资。姜某于 2006 年 6 月 15 日向 MNB 公司所在地的劳动争议仲裁委员会申请仲裁，要求 MNB 公司支付欠付的工资 3000 元人民币和代补偿金 5000 元人民币。

2. 依据我国劳动法律法规，阐述当地劳动争议仲裁机构应如何作出裁决。

案情：张先生于 1999 年 1 月 11 日与某物流公司签订了为期一年的临时工聘用合同，并被安排在物流公司下设的分公司工作，工资由分公司发放。2000 年 6 月，物流公司根据上级指示“清退”了张先生，但未办理任何手续。张先生在同年 7 月又继续在物流公司的分公司上班，按月领取劳动报酬，但未签订劳动合同，一直到 2008 年底。2008 年 12 月 31 日，分公司口头传达了物流公司领导的指示，不准张先生再到分公司上班。张先生被迫离开了分公司。2009 年 1 月，张先生到当代劳动争议仲裁委员会，以物流公司为被申诉人申请仲裁，要求物流公司与其补签无固定期限劳动合同，补缴其工作期间的各项社会保险费，并支付 2008 年 1 月至 12 月的双倍工资。但物流公司否认双方存有劳动关系，认为张先生只是分公司的临时工，并出具了公司全体人员的花名册及工资表，花名册和工资表中的确没有张先生的名字。

案例八　标杆员工的特质

【背景知识】工作分析概述

在人力资源管理工作中，工作分析是一项重要的基础性工作。通过工作分析，能够诊断出组织在人力资源管理的具体环节中存在的各种问题，根据工作分析的结果及时做出各种调整，从而进行人员的有效配置和利用，保证组织的健康发展。

一、工作分析的基本含义

工作分析是人力资源管理的一项极其重要功能，它与人力资源管理的其他活动都有关联。工作分析也叫职位分析、岗位分析，它是指通过收集、整理有关工作方面的信息，了解组织内的职位并把与这种职位有关的信息描述出来，从而使其他人能够了解这种职位的过程。

一般来讲，工作分析可以概括为六个 W 和一个 H，六个“W”指 What——职务的具体说明，Who——谁来完成这些工作，When——工作的时间，Where——工作的地点，Why——从事该工作的目的，Whom——工作的服务对象，一个“H”就是 How——如何进行这些工作。

当某一个岗位或职务缺人时，就需要招聘新人。而招聘新人之前，首先要明白所招聘岗位需要的是什么样的人。也就是说，必须先要对这一岗位进行特征分析。这一分析过程的实质就是工作分析。

二、工作分析的目的

从工作分析的内涵看，工作分析是一个复杂的过程，这一工作过程具有其重要的目的和意义。

（一）组织规划

人力资源规划者在动态的环境中分析组织的人力需求，所以必须获得广泛的信息。在组织内工作任务的分配状况可从工作分析中得到较详细的资料，根据这些资料可以作为利润分配时的准绳。另外在组织的不断发展中，工作分析可作为预测工作变更上的基本资料，并且可让该职位上的员工或其主管预先进行准备因应改变后的相关工作。

（二）工作评价

工作评价依赖工作分析以说明所有工作之需要条件与其职务，以说明工作间之相互关系，并说明哪一部门应包含何种类型之工作，如缺乏此等决定相对价值之事实资料，则评价人员单凭书面之定义，以从事于缜密的工作是不可能的。

（三）招募征选

说明专业知识技能的标准以及相关工作经验的要求，可以作为雇佣该职位新进员工的考量标准，而且在招考新进人员时，用人单位可就工作分析当中所得到的职掌范围内所需着之专业技能制作笔试、口试或测验试题，以测出应征者之实力，是否符合该职位需求。

（四）建立标准

工作分析可提供机构中所有工作之完整材料，对各项工作的描述都有清晰明确的全貌，故可指出错误或重复之工作程序，以发觉其工作程序所需改进之处。所以工作分析可谓为简化工作与改善程序之主要依据。

（五）员工任用

人力资源部在选拔与任用员工时，需借工作分析之指导，才能了解那些岗位需要哪些知识或技术，以及如何将适当的人才安排到适当的岗位。

（六）职业生涯管理

在既定的工作架构及内容下，从纵方面去整合工作，以达到“工作丰富化”，而在既定的工作架构及内容下，从横的方面去增列相关度较高的不同工作，以达到“工作多样化”，作为教育训练规划及训练需求调查的基准，以遴选出需要训练的员工，再依组织之需求及员工个人能力及兴趣，提供训练发展的机会，并作为员工职业生涯发展规划的重要参考资料。

（七）培训

工作分析的说明列出所需职务、责任与资格，在指示训练工作上有相当的价值，有效的训练计划需要有关工作的详细资料，它可提供有关准备和培训所应安排的资料，诸如训练课程的内容、所需培训的时间及培训人员的遴选等。

（八）绩效评估

绩效评估是将员工的实际绩效与组织的期望做比较，而通过工作分析可以决定出绩效标准及设定各项加权比重和绩效考核制度中的评量标准与公司经营总目标、员工个人调薪标准相结合。

三、工作分析的作用

工作分析的作用有三类：一是组织决策，二是工作和设备设计，三是人力资源管理。在组织决策中，工作分析可以为组织的结构开发、组织发展计划、组织策略制定提供信息。在工作和设备设计中，工作分析可以为工作设计、方法设计、安全设计、设备设计提供必要的信息。而在人力资源管理过程中，工作分析更是发挥着不可替代的作用。

（一）为编制人力资源规划提供科学依据

在工作分析的基础上，进行人员组合与调配，从工作内容、技术要求、责任和经验等出发，通过对企业人力资源需求和供给的预测制订出合理的人员补充与晋升计划、人员配置与调整计划、培训计划和报酬计划等，合理分配企业人力资源，协调部门关系，以实现企业组织发展中“人”与工作的相互适应关系。

（二）为招聘录用员工提供客观标准

通过工作分析所获得的信息可以明确工作执行人员的任职资格，并且给求职者提供有关工作的信息。通过考试、心理测验与面试内容的设计、人员录用效度检验、个人职业发展展望等方式，管理者可以对进入企业的人员进行有效的质量控制。另一方面根据工作的难易程度、职责要求、知识和技能等对从事该项工作的员工提出要求，从而在录用员工时有一个客观标准，员工可以根据不同职位的工作要求来找到自己合适的位置，扬长避短，发挥出最大的才能。

（三）为考核评价工作确定具体标准

工作分析的信息可以帮助企业确定每个工作的执行标准、评价标准、执行指导和执行控制等，因为其明确了干好每项工作的责、权、利，工作规范和职责要求等，这些都是企业进行绩效考核的依据，它使工作的执行考核及评价工作更加合理、准确、具体、客观，有利于调动员工的积极性。

（四）为制定员工薪资待遇提供客观依据

工作分析的信息可以帮助企业确定薪资标准，制定奖励制度，以及人工成本的控制等，根据工作分析中工作要求的技术熟练程度、复杂程度、教育程度以及责任大小，能更加合理地分配资源。

（五）为实施员工培训计划提供指导信息

工作分析的信息可以帮助我们进行培训需求分析、制定培训方针、确定培训内容和培训方法、受训人员的选择、培训效果评价以及个人职业发展指导。因为工作分析对员工各方面的要求就是员工努力的方向，同时也是培训工作的主要内容和任务，因此培训开发计划的制定和工作的进行都离不开工作分析的结果。

总之，工作分析的信息在管理中的作用是不可低估的，只有进行科学的工作分析，合理进行“人”“事”配合，以“事”为中心，因“事”设“人”，才能做到“人尽其才”；否则，在职责权限、分配、升迁、培训等方面都可能出现问题和隐患。

西方国家很早就非常重视工作分析。20 世纪 20 年代初期，美国人事协会就已规定，工作分析应作为获取工作结构以及确定此项工作胜任者的必要手段。在 40 年代已经有 75%的大公司采用了工作分析。目前世界各国的企业都已经把工作分析作为重要的人力资源管理职能工作，并把它运用于人员招聘、培训发展、绩效评估等工作中。工作分析已成为人力资源管理科学化、现代化的标志之一。

四、工作分析实施应遵循的原则

（一）目标明确的原则

在工作分析前，要明确工作分析的目的。工作分析的目的不同，其分析工作的侧重点也不同。这样，才能保证工作分析具有明确的导向，提高分析工作的效率。

（二）系统原则

工作分析不是对各工作岗位的工作职责、业绩标准、任职资格等要素的简单罗列，而是在对这些要素充分分析的基础上，对其加以系统的理解和把握，包括系统把握该岗位在组织中的贡献程度、与其他岗位之间的关系、在组织中的位置等内容，从而完成对该岗位系统地分析。

（三）参与原则

工作分析需要组织的高层领导者的大力支持，需要组织内各级管理人员和员工的广泛参与，而绝不仅仅是人力资源部一个部门的工作，它需要全员积极参与与配合。

（四）动态原则

工作分析形成的工作说明书的内容并不是一成不变的，它需要根据组织战略、环境、管理等的变化适时进行调整，需要建立对工作分析结果动态管理机制。

五、工作分析的程序

工作分析是一项技术性很强的工作，也是一个细致和全面的评价过程，它需要做周密的准备，同时还需具有与组织人事管理活动相匹配的科学的、合理的操作程序。工作分析包括一系列的活动，主要分为准备阶段、调查阶段、分析阶段、描述阶段、运用阶段和控制评估阶段。

（一）准备阶段

由于工作分析人员在进行分析时要与各工作现场或员工接触，所以分析人员应该事先在办公室内研究该工作的书面资料。同时要协调好与工厂主管人员之间的合作关系，以免导致摩擦或误解。在这一阶段，主要解决以下几个问题：

（1）建立工作分析小组。为保证工作分析顺利进行，要成立一个工作分析小组，小组成员通常由企业的高层领导、工作分析人员、外部的专家和顾问组成。外部的专家和顾问具有丰富的经验和专门的技术，可以对工作分析过程给予客观、公正、科学的评价。小组成员确定之后，将赋予他们进行分析活动的权限，以保证分析工作的协调和顺利进行。

（2）明确工作分析的目的。有了明确的目的，才能正确确定分析的范围、对象和内容，规定分析的方式、方法，并弄清应当收集什么资料，到哪儿去收集，用什么方法去收集。对所分析的工作类型、基础资料和工作环境有一个初步的了解。

（3）明确分析对象。明确工作分析信息收集的类型和范围，确定调查和分析对象的样本，决定所要调查的人员类型、数量和工作任务的种类等。为保证工作分析结果的正确性，应该选择具有代表性、典型性的工作进行分析。

（4）对工作分析人员进行培训。为保证工作分析的效果，还要由外部专家对本企业参加工作分析的小组成员进行业务上的培训，掌握专业的工作分析程序和方法，设计科学合理的调查问卷，编写正确的职位说明书。

（5）建立良好的工作关系。为了做好工作分析，还需要向有关人员解释和宣传工作分析的目的、作用和意义，使他们对工作分析有良好的心理准备，与他们建立起友好的合作关系，保证工作分析过程中给予大力的支持。

（二）调查阶段

这是对整个工作过程、工作内容和工作环境等方面所做的正式的研究和调查。在这一阶段，要灵活地运用各种工作分析收集信息的方法，广泛深入地收集有关工作职务特征工作人员要求的数据资料，具体工作如下：

（1）问卷调查。问卷调查需要工作人员编制调查问卷和设计调查提纲，其主要内容包括：工作内容、工作职责、相关知识、工作经验、适岗年龄、所需教育程度、技能训练要求、学习要求、作业姿势、工作环境、作业对身体的影响、心理品质和劳动强度等。

（2）现场调查。工作分析人员到工作场地进行现场调查，观察员工的工作流程，记录关键的工作时间，了解员工工作过程中所需的工具与设备，考察工作的物理环境和社会环境等。若有必要，工作分析人员可以通过实验的方法直接参与调查工作，分析各种因素对工作的影响。

（3）面谈。在对员工进行广泛调查的基础上，工作分析人员要与各部门的主管人员和一些员工代表进行面谈，通过面谈进一步了解有关工作的特征和各种信息，并征求他们的意见，了解改进工作的方向。这一过程需要工作分析人员做好面谈记录。

（三）分析阶段

分析阶段的主要任务是对有关工作特征和工作人员特征的调查结果进行深入全面的分析，具体工作如下：

（1）整理资料。将通过调查阶段收集到的各种信息按照工作说明书的各项要求进行整理归类，确保无遗漏的项目。

（2）审查资料。资料进行整理归类后，工作分析小组的成员要对所收集到的信息的准确性进行仔细审查，保证资料内容翔实准确。

（3）分析资料。就是对如下资料进行深入地分析，它包括：1）职务名称分析；2）职务规范分析；3）工作环境分析；4）任职资格分析。

（四）描述阶段

仅仅研究分析一组工作，并未完成工作分析的全部内容，也就是说，工作分析在完成上述三个阶段后，还需要分析人员将所获得的信息加以整理并写出报告。通常要把工作分析所获得信息按下列方式进行整理：

（1）文字说明。将工作分析所获得的资料以文字说明的方式表述和描述，列举工作名称、工作内容、工作设备与材料、工作环境及工作条件等。

（2）工作列表及问卷。工作列表是把工作加以分析，以工作的内容及活动分项排列，由实际从事工作的人员加以评判。或填写分析所需时间及发生次数，了解工作内容。列表或问卷只是处理形式不同而已。

（3）活动分析。该分析实质上就是作业分析。通常是把工作的活动按工作系统与作业顺序一一列举，然后根据每一作业进一步加以详细分析。活动分析多以观察及面谈的方法对现有工作加以分析，所得资料作为教育及训练的参考。

(4) 决定因素法。该种方法是把完成某项工作的几项最重要行为加以列表，该项“需要性”在积极方面说明工作本身特别需要的因素，在消极方面说明亟待排除的因素。至于工作分析的报告，其编排应该根据分析的目的加以选择，以间断清晰的字句，撰成说明式的报告初稿，送交有关主管和分管人员，获取补充建议后，再予修正定稿。

(五) 运用阶段

此阶段是对工作分析的验证，只有通过实际的检验，工作分析才具有可行性和有效性，才能不断适应外部环境的变化，从而不断地完善工作分析的运行程序。此阶段的工作主要有两部分：

(1) 培训工作分析的运用人员。这些人员在很大程度上影响着分析程序运行的准确性、运行速度及费用，因此，培训运用人员可以增强管理活动的科学性和规范性。

(2) 制定各种具体的应用文件。

(六) 控制评估阶段

控制活动贯穿着工作分析的始终，是一个不断调整的过程。随着时间的推移，任何事物都在变化，工作也不例外。组织的生产经营活动是不断变化的，这些变化会直接或间接地引起组织分工协作体制发生相应的调整，从而也相应地引起工作的变化。因此，一项工作要有成效，就必须因人制宜地做些改变，应该定期或不定期地对工作说明书进行适当地修改，通常一年至少要修改一次。

对工作分析的成本评估可以通过对工作分析的成本收益来说明。当然，工作分析越细致，所需花费的成本就越高。对工作分析的效果评估只有通过反馈才能得到确认，并根据反馈修改其中不适应的部分。所以控制评估活动是工作分析中的一项长期的重要活动。

六、工作分析的方法

工作分析是一项复杂而又重要的基础工作，它需要科学地运用相关方法与技术来进行，一般而言，问卷调查法收集到的信息中，可用信息占20%~30%，大量信息的获得还是要靠访谈中面对面地沟通与交流，下面介绍工作分析中常用的几种方法。

(一) 面谈法

面谈法是与担任有关工作职务的人员一起讨论工作的特点和要求，从而取得有关信息的调查研究方法。它主要有三种形式：个别员工面谈法、集体面谈法、主管领导面谈法。

在工作分析时，可以先查阅和整理有关工作职责的现有资料。在大致了解职务情况的基础上，访问担任这些工作职务的人员，一起讨论工作的特点和要求。同时，也可以访问有关的管理者和从事相应培训工作的教员。由于参与的对象是那些最熟悉这项工作的人，因此，认真的面谈可以获得很详细的工作分析资料。面谈法也给任职者提供了一个了解工作分析重要性的机会，使他们更容易接受工作分析的结果。面谈中的一些怨言，也可使管理者发觉原来未曾注意到的事项。同时，要使参与者充分了解面谈的缘由，不致使他们有被考核的感觉，以保证所收集资料的准确性。

面谈时还要注意修正偏差。这是因为，工作分析常常是职位评价、薪酬调整的前奏。因此，有时参与者会有意无意地歪曲其职位情况，比如，把一件容易的工作说得很难或把一件难的工作说得比较容易。这要靠和多个同职者面谈所搜集的资料对比加以校正。

（二）问卷法

问卷法是让有关人员以书面形式回答有关职务问题的调查方法。运用问卷法，首先要确定问卷的结构性程度。结构性程度在这里是指问卷内容的细化程度。在结构性程度很高的问卷里，工作职责被细化为百个细小的职责，连完成每项职责所需的时间都填上。与此相反，结构性程度低的问卷所设计的问题大都比较笼统开放，由任职人员根据自己的判断来填写。这是两种极端化的问卷形式。而在实践操作中，多是两种形式结合，既有结构性较强的问题又有开放性的问题。其次，问卷法关键还在于确定问卷所应包含的问题。问题设计得如何，直接牵涉所收集资料、信息质量，从而影响工作分析的效果。问卷法主要可以分为两种。

1. 一般工作分析问卷法

这种方法适合于各种工作，问卷内容具有普遍性。

一般工作分析问卷（部分）

（1）职务名称________

（2）比较适合该岗位的性别________

A. 男性　　B. 女性　　C. 男女均可

（3）最适合该岗位的年龄是________

A. 20~30 岁　　B. 31~40 岁　　C. 41~50 岁　　D. 51~60 岁

（4）能胜任该工作岗位的文化程度是________

A. 高中　　B. 大专　　C. 本科　　D. 研究生

(5) 该岗位的工作地点主要在________
A. 在室内　　B. 在室外　　C. 室内外各占一半
(6) 该岗位工作信息的主要来源是________
A. 书面材料　　B. 数字材料　　C. 图片材料　　D. 模型装置
E. 测量装置　　F. 消费者、客户、顾客等

2. 指定工作分析问卷法

这种方法适合于一种指定的工作，即一张问卷只适合于一种工作，问卷内容具有特殊性。

指定工作分析问卷（以推销员为例）

姓名：________　　工作名称：________
所属部门：________　　直接上司：________
请说明以下职责在你工作中的重要性：(最重要的打 10 分，最不重要的打 0 分)
1. 和客户保持联系________
2. 接待好每一个顾客________
3. 详细介绍产品的性能________
4. 正确记住各种产品的价格________
5. 掌握必要的销售知识________
6. 善于微笑________
7. 送产品上门________
8. 参加在职培训________
9. 每天锻炼身体________
10. 每天拜访预定的客户________
11. 在各种场合推销本企业产品________

问卷法的最大优点是比较规范化、数量化，适合于用计算机对结果进行统计分析。但它的设计比较费工，也不像访谈那样可以面对面地交流信息。因此，不容易了解被调查对象的态度和动机等较深层次的信息。问卷法还有两个缺陷，一是不易唤起被调查对象的兴趣；二是除非问卷很长，否则就不能获得足够详细的信息；三是不同的任职者对问卷中同样的问题可能理解不一致，这样所收集到的资料信息就可能偏离工作分析的主旨。由于以上种种原因问卷法一般不单独使用，它同其他方法结合使用效果会更佳。

（三）核对法

这种方法是让员工在工作任务清单中找出与自己工作有关的项目，以便确定

某一工作的特性。这种方法主要是让员工自己进行工作岗位性质的核对，分析过程不易管理，而且也不易对岗位做到透彻的分析。

（四）观察法

观察法是指工作分析者通过感官或利用其他工具现场观察和记录工作者的实际工作情况，以收集工作信息的一种方法。问卷法、面谈法和核对法等工作分析方法都可以有效地采集工作职务方面的信息，但它们都有某些弱点。其中有一个较大的问题，即有经验的员工并不总是很了解自己完成工作的方式。许多工作行为已成习惯，干起工作来并未意识到工作程序的细节 。因此 ，研究者们主张采用观察法对工作人员的工作过程进行观察，记录工作行为的各方面特点；同时，了解工作中所使用的工具设备；了解工作程序、工作环境和体力消耗。观察时，可以用笔录；也可以用事先预备好的观察项目表，一边观察，一边核对。在运用观察项目表时，须事先对该工作有所了解。这样，制定的观察项目表才比较实用。

观察前先进行访谈将有利于观察工作的进行。一方面，它有利于把握观察的大体框架。另一方面，它使双方有所相互了解，建立一定的合作关系。这样，随后的观察就能更加自然、顺利地进行。但对于无从衡量的脑力劳动占主要成分的职位来讲，现场观察法很难奏效。另外对于处理突发事件的职位来说，运用观察法也比较困难，因为这些条件只是偶尔才会发生，并非平常就可以观察到的，因此，运用观察法不可能得到全部所需资料，必须辅之以其他方法才可能尽善尽美。

（五）工作日志法

工作日志是一天中工作活动的记录。这种方法要求员工在一段时间内对自己工作中所做的一切进行系统的活动记录，然后由工作分析人员根据工作日志的内容来对工作进行分析。该法的基本依据是：从事某项工作的人最了解该项工作的情况和要求。又称工作日写实法、工作者自我分析记录法。

这种方法所收集的材料一般较真实可靠，同时可以检验面谈法等所收集的资料信息的真实程度。如果这种记录记得很详细，那么经常会提供一些其他方法无法获得或者观察不到的细节。它对于高水平与复杂工作的分析，显得比较经济和有实效。但该法的缺点主要是工作者也许不能真实记录工作活动，因此，必须由该工作的上级主管对记录的内容进行必要的检查和矫正。

（六）工作参与法

这种方法是由工作分析人员亲自参加要分析的工作活动，体验工作的整个过程，从中获得工作分析的资料。又称工作实践法。要想对某一工作有一个深刻的了解，最好的方法就是亲自去实践。通过实地考察，可以细致、深入地体验、了解和分析某种工作的心理因素及工作所需的各种心理品质和行为模型。所以，从获得工作分析资料的质量方面而言，这种方法比前几种方法效果好。

另外，工作参与法还具有其他两个优点：一是可以克服有些员工不善于表达的缺点，同时也可以克服即使是有经验的员工也不总是很了解自己工作的缺点；二是可以弥补一些平时难以观察到的内容。但这种方法的缺点也很明显，因为现代组织中的许多工作高度专业化，分析者往往不具备从事某项工作的知识和技能，因此就无法参与；对于一些危险性工作的分析，也不适合使用该法。

（七）关键事件法

关键事件是指使工作成功或失败的关键事件、或者是对工作特别有效或无效的工作行为。关键事件法是指通过对关键事件的收集、归纳、分析，从而达到对整个工作进行分析的目的的方法。它需要通过请管理人员和工作人员回忆、报告对他们的工作绩效来说比较关键的工作特征和事件，从而获得工作分析资料。关键事件法也称为典型事例法，它是由第二次世界大战中军队开发出来的关键事件技术（Critical Incident Technique，CIT）发展而来的。该方法要求工作者、管理人员或熟悉该工作的人员记录工作行为中的关键事件，包括导致事件发生的原因和背景，工作者的特别有效或多余的行为，关键行为的一般后果，工作者自己能否支配或控制行为后果等。

一般而言，工作分析的方法可以分为职务定向方法和行为定向方法。前者相对静态地描述和分析职务的特征，收集各种有关工作描述一类的材料；后者集中于与“工作要求”相适应的工作行为，属于相对动态的分析。关键事件法就是一种常用的行为定向方法。这种方法要求管理人员、员工以及其他熟悉工作职务的人员记录工作行为中的“关键事件”，使工作成功或者失败的行为特征或事件。在大量收集关键事件以后，可以对它们作出分析，并总结出职务的关键特征和行为要求。关键事件法既能获得有关职务的静态信息，也可以了解职务的动态特点。

关键事件法的优点是能直接描述人们在工作中的具体活动，可以揭示工作的动态性，所以，这种方法收集的资料适用于大多数的工作分析。但该方法也具有明显的缺点：一是收集、归纳、分类要耗费大量的时间；二是关键事件所描述的是特别有效或无效的行为，很难对一般的工作行为形成总的概念，而这一点对于工作分析来说十分重要，因为它是工作分析的主要目的。

由上可见，工作分析的方法是很多的，它们各有优劣，没有一种方法是万能的。只有根据实际情况，将各种方法结合起来使用，才能对任职者的要求有一个

详细 、全面 、准确的了解 。当然，这些方法对于一个运行多年的组织是有效的，但对于一个新建组织，则需要先选择一些主要部门、关键岗位进行工作分析，做出一些“雏形”，取得一些经验后再逐渐发展。

七、工作分析的结果

工作分析的结果就是形成工作说明书，工作说明书包括工作描述和工作规范两部分，它是以标准的格式对岗位的工作特征及任职资格条件进行规范化的描述性文件。利用工作说明书，员工可以了解他们的工作任务，明确其工作职责范围，清楚组织对他们的期望值，还可以为管理者的人事决策提供依据。

（一）工作描述

工作描述又称工作说明，是指一种提供某一工作的工作内容、工作条件等方面信息的文件。文件里的信息应该是切实、准确的，并能够具体说明这一工作的物质特点和环境特点，主要包括以下几个方面：

1. 工作标识

工作标识是用来区别组织中不同岗位之间的标志，它包括工作名称、岗位编码、工作地位。

（1）工作名称。工作名称就是指所在工作岗位的名称，它是工作标识中最重要的项目。一个好的工作名称能够恰当地表现该工作岗位的主要内容，并可以把该岗位与其他工作岗位区别开，使阅读者一看就大概知道该岗位是干什么的。

（2）岗位编码。岗位编码又称工作编码、岗位编号等。设置岗位编码便于迅速查找工作岗位的信息，能够区分各个岗位的所属部门和组织，反映岗位的上下级关系。比如：某职业编码为 HR-02-05，其中 HR 表示人力资源部，02 表示主管级，05 表示人力资源部员工的顺序号。

（3）工作地位。工作地位也称工作身份，主要包括以下内容：所属的工作部门、直接上级/下级的岗位名称、定员人数、工作等级、工资水平、工作地点和工作时间等。

2. 工作概要

工作概要也称工作摘要，是指用简短的语言对工作内容进行高度概括和简要描述，主要是对所要完成的工作任务、工作责任、使用的原材料和机器设备、工作流程、与其他人的正式工作关系、接受监督以及进行监督的性质和内容等方面进行的描述。工作概要恰当与否，直接影响着一份职务说明书的质量。

撰写工作概要可以采用“工作行动+工作对象+工作目的”模式，常用的动词有：全面负责、主管、支持、提升、确保、实现、达到等。如：人力资源部经理的工作概要可以描述为支持制定、实施公司的人力资源计划和人力资源管理制度，推动、提升公司的人员招聘、培训、绩效管理、薪酬管理等工作，力求塑造一支结构合理、高效的人力资源队伍，为实现公司的经营战略目标提高充裕的人力资源保障。办公室主任的工作概要可以描述为“全面负责公司行政和党委的日常事务管理，协助公司领导处理各方面工作；主管公司会务、外事接待、信息工作，为领导决策提供依据，为企业创造良好的外部环境，保证公司北部管理体系的完整和平稳运行”。

3. 工作职责

工作职责是工作描述的主体，是指组织中存在的岗位需要承担哪些具体的工作责任和任务，以及需要达到什么样的效果。工作职责也是对工作概要的细化。

工作职责分析的具体步骤是：

（1）确定岗位目的。

（2）根据岗位目的，确定工作任务，划分职责模块。

（3）确定职责模块的目标。

（4）确定达成职责目标的行动。

（5）形成初步的职责描述。

（6）确定最终的工作职责。

4. 工作权限

工作权限是根据权、责、利对等的原则，赋予工作岗位完成任务的权力，这个权力不是完全自由的，要有一定的限制，仅仅适用于履行工作职责的活动。工作权限的设定，可以帮助管理者明确工作职责的边界，防止工作中相互推诿现象的发生。通常工作权限可以分为三类：业务权限、人事权限和财务权限。

5. 业绩标准

业绩标准是在工作职责确定的基础上，对每项工作任务完成情况的规定。业绩标准有两种：一种是正向业绩标准，即从正面的角度考察该职责是否完成以及完成的效果，如目标完成率、计划执行质量、准确性、及时性等；一种是反向业绩标准，即从反面的角度考察职责的完成效果，如差错率、失误率、客户投诉率等。

6. 工作关系

工作关系是指任职者与组织内部和外部其他人之间的关系，以确定岗位在组织中的位置，主要包括：该项工作监督谁、受谁监督；该项工作可晋升的岗位、可转换的岗位以及可迁移至此的岗位；该项工作与哪些部门或外部单位和个人发生联系等。

7. 工作条件和环境

工作条件一般是指执行工作的条件，主要包括任职者的工作场所、使用的办公设备和原材料、工具等；工作环境是指工作的物理环境和社会环境，其中物理环境主要包括对工作地点的温度、湿度、光线、噪声、安全条件、地理位置、室内或室外等。

工作的社会环境是指工作的人际因素，包括工作群体中的人数、完成工作所要求的人际交往的数量和程度、各部门之间的关系、工作地点内外的文化设施以及社会风俗的影响程度等，见表 8-1。

表 8-1 某公司网站管理岗位工作描述

发布日期：2005 年 6 月 30 日

工作名称	网站管理	岗位编号	02-05-007
直接上级	新闻中心主任	直接下级	无
分析人	李平	批准人	张一凡

工作概述：在新闻中心主任的领导下，开展公司“思想政治工作超市”网站的信息发布、设计维护、升级改造和日常管理等工作

工作职责	考核指标
编制网站宣传工作计划	计划执行率
开展网站的设计维护、版面更新以及硬件设备的升级改造等工作	新闻更新频率
从事网站的信息发布管理，对有价值的相关信息进行反馈并督办处理	调查报告主观满意度
按照公司规定与之链接的二级单位网站的设计指导和信息沟通交流	沟通计划完成率
开展对网站服务器、数据库的安全检查、杀毒维护和资料备份等工作	安全天数、故障率
公司通信员网络建设和通信员队伍培训	培训计划执行率
新闻各类稿件有发布权、核实权、审定权，对本部管理制度有建议权	出现不健康内容次数

工作关系图：

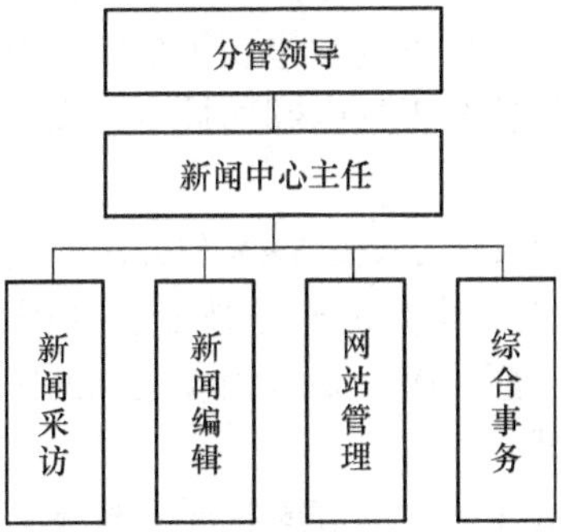

工作环境：

工作地点：办公室占 80%；出差占 20%

工作危险性：无；基本无危险；比较危险；非常危险

职业病：无职业病的可能；有职业病的可能

（二）工作规范

工作规范又称任职要求，是指任职者为了完成某种特定的工作所必须具备的知识、工作经验、工作技能、生理和心理、能力等方面应该具备的最低资格要求，工作规范与工作描述的内涵不同，工作描述是针对工作岗位的性质而言，而工作规范则是对人的要求。工作规范的主要内容如下：

1. 知识

工作规范的知识方面具体包括的内容如下：

（1）学历要求。学历要求是指胜任岗位所需要的最低学历要求，如高中、中专、大专、学士、硕士、博士等，学历代表任职者受教育的年限，也是从事该岗位所应具备的基础条件。

（2）基础知识。指与工作相关的基础性理论知识，一般为一级或二级学科。不同的工作性质需要不同的基础知识。如，人力资源经理应该掌握的基础性理论知识有管理学、心理学、法学、经济学等。

（3）专业知识。这是岗位的核心知识，体现了岗位之间的本质区别。如人力资源部经理需要的专业知识是工作分析、人员测评、工作评价等，而财务部经理需要掌握的专业知识是财务核算、报表编制、资金预算等。

（4）相关法律法规知识。指胜任本岗位所应具备的相关政策、法律、法规、规章或条例等方面的知识。通过了解相关的法律知识，可以开阔任职者的眼界和工作思路，优化工作质量。

2. 工作经验

工作经验可以采用社会工作经验和组织内工作经历相结合来度量。社会工作经验是指任职者的所有工作经历，具体分为一般工作经验、相关工作经验、专业工作经验和管理经验等四类。组织内工作经历是用本组织内部的工作经历来表示岗位的工作经验要求，一般适合于从内部选拔中、高层管理者采用。

3. 工作技能

工作技能是指与工作相关的工具、技术和方法的运用，它包括两类：一类是通用技能，如公文处理技能、计算机操作技能、外语技能等；另一类是专业技能，如会计人员必须有会计证、医生要有相应级别的医师执照等。

4. 生理和心理特征要求

生理特征要求主要包括任职者的健康状况、身高、性别、体重、运动的灵活性、感觉器官的灵敏度等。如宾馆的门卫岗位一般要求性别是男性，且身高不低于 175 厘米，身体强壮等。心理特征要求不仅包括任职者的观察能力、集中能力、记忆能力、理解能力、学习能力、解决问题的能力、创造能力、计算能力、语言表达能力、决策能力、沟通能力、领导能力、组织能力，还包括性格、气质、兴趣爱好、态度、事业心、合作性等，见表 8-2。

表 8-2　某公司招聘专员岗位工作规范

岗位名称：招聘专员 编号： 部门：人力资源部 职务：人力资源部经理 分析人员： 分析日期：
（1）体格要求。 年龄：25~40 岁，性别不限。 身高：女性：1.55~1.70 米　男性：1.60~1.85 米。 体重：与身高成比例，在合理的范围内即可。 视力：必须能够看清计算机屏幕、数据报告和其他文件。 听力：必须能够足以与同事、员工和顾客交流，参加各种会议和准备公司信息。 健康状况：无残疾、无传染病。 外貌：无畸形，出众更佳。 声音：普通话发音标准，语音和语速正常。
（2）知识和技能要求。 1）学历要求：人力资源专业、心理学专业或相关专业本科以上。 2）工作经验：3 年以上国有大型企业工作经验。 3）专业背景要求：曾从事人力资源招聘工作 2 年以上。 4）英语水平：国家六级。 5）计算机：熟练使用 OFFICE 系列。
（3）特殊才能要求。 1）语言表达能力：能够准确地与主管交流工作情况；能够警醒人力资源的规划和预测；能够准确、清晰、生动地向应聘者介绍企业情况；能够准确、巧妙地解答应聘者提出的各种问题。 2）文字表达能力：能够准确、快速地将希望表达的内容用文字表达出来，对文字描述很敏感。 3）工作认真细心，能认真保管好各类招聘材料。 4）有较强的公关能力，能准确地把握同行业的招聘情况。
（4）其他要求。 1）能够随时出差。 2）不可请一个月以上的假期。

（三）工作说明书

工作说明书也称为职位说明书，在组织管理中的作用非常重要，不但可以帮助任职人员了解其工作，明确其责任范围，还可为管理者的决策提供参考。一般而言，工作说明书一般包括两部分，即工作描述和工作规范。工作描述是对岗位工作基本信息的界定，说明该岗位的性质、工作条件和环境等；工作规范则是说明要承担该岗位的工作职责必须具备的知识、技能和经验等资格条件。这两部分不是简单的信息罗列，而是通过客观的内在逻辑形成一个完整的工作岗位信息系统。

1. 工作说明书的编写要求

工作说明书是在工作分析的基础上，经过对工作分析所收集的资料信息进行精心筛选而形成的。工作说明书的编写要普通人能够理解的、最简练的语言完整地描述与工作有关的重要信息资料：

（1）内容可依据工作分析的目的进行调整，可繁可简。

（2）可以用表格形式表示，也可采用叙述型。

（3）需个人填写的部分，应运用规范术语，字迹要清晰。

（4）使用浅显易懂的文字，语言要明确，不要模棱两可。

（5）运用统一的格式，注意整体的协调，做到美观大方。

2. 工作说明书的编写步骤

工作说明书必须按照严格的步骤来编写，才能保证其科学性和准确性，工作说明书的编写步骤如下：

（1）信息收集。工作分析员要浏览并分析组织中现有的各种管理制度文件等资料信息，并和企业组织中的各个部门主要管理人员进行交谈，以便对组织中各个职位的岗位性质、主要任务、主要职责等有一个较为全面的了解。

（2）工作分析调查。在收集信息的基础上，还要灵活运用各种工作分析方法来开展工作分析的调查活动，尽可能更为全面获取各个工作岗位的相关信息，丰富信息资料内容。

（3）信息处理。无论是收集的信息还是调查得到的信息，都要借助统计、计算机等手段和工具对所获工作信息进行分类整理，并加以详细分析，使与工作相关的信息更加条理化、清晰化。

（4）形成初稿。针对每个具体工作，根据工作分析所要收集信息的要求，逐条列出这一工作的相关内容，形成初步的工作说明书。

（5）意见征询。召集整个工作分析过程中所涉及的人员，向他们分发工作说明书初稿，并对其完整性、准确性、合理性进行讨论，由工作分析人员详细记录每个人的意见。

（6）审查初稿。根据讨论结果，对工作说明书初稿进行初步的审查与修改。

（7）定稿。最终形成一份详细的、清晰的、准确的工作说明书。见表8-3。

表8-3 某公司客户经理工作说明书

<table>
<tr><td rowspan="2">具体内容</td><td colspan="4">岗位名称</td></tr>
<tr><td>客户经理</td><td>岗位代码</td><td>所属部门</td><td>销售部</td></tr>
<tr><td>直属上级</td><td>销售经理</td><td>管辖人数</td><td>职等职级</td><td></td></tr>
</table>

续表 8-3

<table>
<tr><td rowspan="2">具体内容</td><td colspan="4">岗位名称</td></tr>
<tr><td>客户经理</td><td>岗位代码</td><td>所属部门</td><td>销售部</td></tr>
<tr><td>晋升防线</td><td>销售经理</td><td>候选渠道</td><td>轮换岗位</td><td></td></tr>
<tr><td>薪金标准</td><td></td><td>填写日期</td><td>核准人</td><td></td></tr>
<tr><td colspan="5">工作内容：
（1）策划、组织有关的市场活动。
（2）分析客户需求，保持与客户的良好关系，寻求机会发展新的业务。
（3）管理、参与和跟进咨询项目。
（4）与相关媒体保持良好的关系。
（5）协调咨询员的业务活动。
（6）建立管理数据库，跟踪分析相关信息。
（7）同客户所在公司各部门建立并保持良好的工作关系。
（8）获得并保持主观要求的最低总利润。
（9）为公司提供精确的市场信息，主要关注未来趋势。</td></tr>
<tr><td colspan="5">任职资格：
（1）教育背景：市场营销或相关专业本科以上学历。
（2）培训经历：受过市场营销、产品知识、产业经济、公共关系等方面的培训。
（3）经验：2 年工作经验。
（4）技能：沟通协调能力强；优秀的沟通、演示技巧；扎实的分析技巧及策略规划的变通技巧。
（5）个性特征：积极主动、刻苦，忠于业务。</td></tr>
<tr><td colspan="5">工作环境：办公室，经常出差。
工作环境比较舒适，基本无职业病危险。</td></tr>
</table>

【案例详情】M 公司的人力资源状况

M 公司是由 4 家安保行业企业改制组建，公司目前设有人防、技防、校园安保、数字化安保研究所等十几组织机构。在二十多年的锻造和磨砺中，公司积累了丰富的服务资质和经验，在安保行业中率先获得 ISO9001 质量管理体系认证资格，作为中国安保服务行业 AAA 级信用单位，已逐步建立起集多元化安保服务体系。

随着经济形势的变化、经济体制改革的深化、安保服务市场的多极化，安保行业的整体竞争已经从最初的资源占有型，开始全面转向专业化，运作与资本实力的较量，人才、资金和技术等。资源向规模型、专业型的趋势越来越明显。在这样的背景下，人力资源管理对安保企业生存和发展的重要性越来越显著，同时安保企业的人力资源管理难度也在不断增加。

全公司可以分为：高层管理人员、中层、部室工作人员、组长以上管理人员、基层员工，市场旺季临时聘用人员，共有员工581人，公司高层管理人员7人，占总人数的1.2%；公司中层管理人员22人，占3.79%。

员工各种学历的人员所占比重如下：大学本科及以上25人，占4.3%；大专44人，占7.6%，中专及高中109人，占18.8%；初中及以下403人，占69.3%

公司员工的年龄结构：20~30岁62人，占10.67%；30~40岁107人；占18.42%；40~50岁，242人，占41.5%；50~60岁170人，占29.3%。

经过调研和分析，M公司的人力资源状态主要分成A、B、C三类。

A类员工：有强烈的个人发展目标；不看重在公司的发展，将公司作为跳板，提高自身素质，等待机会，但机会未必是公司发展的机会。

B类员工：有个人的发展目标，希望并相信随着公司的发展自己也会有所发展，先提高自身能力，但能力未必与公司的需要相符。

C员工：无个人的发展想法，在公司很稳定安逸，在公司混下去。

但是，目前绝大多数员工属于C类，没有把公司的发展目标与个人目标结合在一起，需要加强指导。

M公司基于人力资源现状，准备着手内部治理和组织变革。公司董事会授权人力资源部通过充分调研和访谈，运用胜任力素质模型，首先完成全公司工作岗位说明书的编写。

【案例思考】基于胜任力素质模型的安保企业基层管理者工作岗位说明书

一、胜任力素质模型

胜任力素质又称为胜任特征，是指能将某一工作（或组织、文化）中有卓越成就者与表现平平者区分开来的个人的潜在特征，它可以是动机、特质、自我形象、态度或价值观、某领域知识、认知或行为技能，包括三个方面：深层次特征、引起或预测优劣绩效的因果关联和参照效标。胜任力素质模型，是指担任某一特定的任务角色所需要具备的胜任特征的总和，即针对特定职位表现优异的那些要求结合起来的胜任特征结构。一个详细的胜任力素质模型应包括：胜任特征名称、胜任特征描述和行为指标等级的操作性说明。

（一）胜任力素质模型内涵及其结构

素质一词由美国心理学家麦克利兰1973年在他的一篇名为《Testing competence rather than intelligence》文章中首次提出。他在文章中指出：决定一个人在工作上能否取得好的成就，除了拥有工作所必需的知识、技能外，更重要的取决于其深藏在大脑中的人格特质、动机及价值观等。

1993 年，美国心理学家斯班瑟提出：素质在个体特质中扮演深层且持久的角色，而且能预测一个人在复杂的工作情境及担任重任时的行为表现。该模型对素质模型的构成要素进行了如下定义：

（1）知识，指个人在某一特定领域拥有事实型或经验型的信息。

（2）技能，指个体能够有效运用知识完成某项具体工作的能力。

（3）社会角色，即个体在公共场合所表现出来的形象、气质和风格。

（4）自我形象，指个体对自身状态感知能力，它包括对自己的长处和弱点、思维模式、解决问题的风格，与人交往的特点以及对自我角色合理定位等的认识。

（5）品质，包括气质、性格、兴趣等是个体表现的一贯反应，如性格内外向、不同的气质类型等。

（6）动机，指推动个体为达到某种目标而采取一系列行动的内驱力，如成就动机强烈的人会持续不断地为自己设定目标并努力达到。

胜任力素质模型显示居于冰山上面的知识、技能只不过是冰山一角，埋藏在冰山下面的自我形象、个性品质、动机等才是预测个体未来绩效的重要因素。素质胜任模型代表一个人能做什么（技能、知识）、想做什么（角色定位、自我形象）和为什么做（价值观、品质、动机）的内在特质的组合。

（二）胜任力素质模型的作用

胜任力素质模型在人力资源管理活动中起着基础性的、决定性的作用。它分别为企业的工作分析、人员招聘、人员考核、人员培训以及人员激励提供了强有力的依据，它是现代人力资源管理的新基点。

1. 工作分析

传统的工作岗位分析较为注重工作的组成要素，而基于胜任力素质模型的分析，则研究工作绩效优异的员工，突出与优异表现相关联的特征及行为，结合这些人的特征和行为定义这一工作岗位的职责内容，它具有更强的工作绩效预测性，能够更有效地为选拔、培训员工以及为员工的职业生涯规划、奖励、薪酬设计提供参考标准。

2. 人员选拔

传统的人员选拔一般比较重视考察人员的知识、技能等外显特征，而没有针对难以测量的核心的动机和特质来挑选员工。但如果挑选的人员不具备该岗位所需要的深层次的胜任特征，要想改变该员工的深层特征却又不是简单的培训可以解决的问题，这对于企业来说是一个重大的失误与损失。

相反，基于胜任力素质模型的选拔正是帮助企业找到具有核心的动机和特质的员工，既避免了由于人员挑选失误所带来的不良影响，也减少了企业的培训支出。尤其是为工作要求较为复杂的岗位挑选候选人，如挑选高层技术人员或高层管理人员，在应聘者基本条件相似的情况下，胜任力素质模型在预测优秀绩效方面的重要性远比与任务相关的技能、智力或学业等级分数等显得更为重要。

3. 绩效考核

胜任力素质模型的前提就是找到区分优秀与普通的指标，以它为基础而确立的绩效考核指标，是经过科学论证并且系统化的考核体系，正是体现了绩效考核的精髓，真实地反映员工的综合工作表现。让工作表现好的员工及时得到回报，提高员工的工作积极性。对于工作绩效不够理想的员工，根据考核标准以及胜任特征模型通过培训或其他方式帮助员工改善工作绩效，达到企业对员工的期望。

4. 员工培训

培训的目的与要求就是帮助员工弥补不足，从而达到岗位的要求。而培训所遵循的原则就是投入最小化、收益最大化。基于胜任力素质的分析，针对岗位要求结合现有人员的素质状况，为员工量身定做培训计划，帮助员工弥补自身“短木板”的不足，有的放矢突出培训的重点，省去分析培训需求的繁琐步骤，杜绝不合理的培训开支，提高了培训的效用，取得更好的培训效果，进一步开发员工的潜力，为企业创造更多的效益。

5. 员工激励

通过建立胜任力素质模型能够帮助企业全面掌握员工的需求，有针对性地采取员工激励措施。从管理者的角度来说，胜任力素质模型能够为管理者提供管理并激励员工努力工作的依据；从企业激励管理者的角度来说，依据胜任力素质模型可以找到激励管理层员工的有效途径与方法，提升企业的整体竞争实力。

二、基于胜任力素质模型的安保企业基层管理者工作岗位说明书

胜任力素质模型是在组织的使命、目标明确条件下，进行探索、设计和运用的。这就要求企业在确定某一职位的胜任力素质模型时，必须从上往下进行分解，即由“企业使命”确定“企业核心战略胜任力素质”；由“企业核心战略胜任力素质”确定“企业业务发展需要的胜任力素质”；由“企业业务发展需要的胜任力素质”确定“职位需要的胜任力素质”，将胜任力素质概念置于“人员—职位—组织”匹配的框架中。根据特定职位需要的胜任力素质，招聘、选拔符合职位要求的人员，确定该职位人员的绩效考核内容、培训主题、职业生涯发展等。

市场经济环境快速变化，同一岗位对人的胜任力素质要求也随之变化，即一方面构成职位胜任力素质模型的要素变化了；另一方面，构成胜任力素质模型的内涵也将变化。比如，对某些东西过去属于负面评价，而现在变成正面评价；有些

东西过去非常注重，现在已经是一般基础构成，不需要特别强调。而且在企业实践中，很多胜任力素质特征往往是具有一定的矛盾的，每个人往往都是一种矛盾的结合体。心理学研究表明很多心理特征因素之间存在负向联系，例如协调说服胜任力素质与诚实踏实、坚持胜任力素质和工作效率、敢于迎接挑战和组织忠诚度之间等，如何取舍取决于公司的文化导向。如果组织文化没有适度的包容性，胜任力素质模型就难以真正实施。基于胜任力素质模型的保安队长工作岗位说明书见表 8-4。

表 8-4　基于胜任力素质模型的保安队长工作岗位说明书

岗位名称	保安队长	所属部门	保安业务部	任职人	某某
直属上级	保安业务部经理	晋升方向	副经理	办公场所	某小区或某区域
职位概要：全面负责所管辖区域的安保工作					
工作内容： （1）协助部门经理工作，积极当好部门经理的参谋。 （2）负责协助检查各项规章制度落实情况，督导队员工作。 （3）督查各队员的工作纪律，严把服务质量观，为保安管理献计献策。 （4）带领保安队员上岗执勤，巡逻检查，守夜护卫工作。 （5）负责队员岗位制度的考核，严格请销假制度。 （6）根据上级要求合理安排勤务，保证队员按时上岗，参加学习训练。 （7）对岗位上发生的重大突发性事件，果断采取应急措施，并及时向上级汇报或报警。 （8）熟悉消防预案，并带领队员不定时地就行消防演练，熟悉各楼层消防设施分布，灭火器材的摆放，防盗，火警报警装置分布于使用。 （9）如遇突发事件，能迅速组织队员根据工作规程和预案第一时间进行有效处置。 （10）完成领导交办的其他有关工作。					
任职资格： 教育背景：◆大专及以上学历，具备保安管理师二级职业资格。 培训经历：◆受过系统的安全保卫相关培训。 年龄和经验： ◆25~40 周岁。 ◆5年以上安保工作经验，3 年以上保安队管理经验。 技能技巧： ◆具有亲和力，有良好的服务意识和保密意识。 ◆较强的分析、解决问题能力，思路清晰，考虑问题细致。 ◆熟练国家安全保卫工作政策方针和有关法律。 态度： ◆高度的敬业精神及高涨的工作激情，能接受高强度的工作，工作态度积极乐观。 ◆具有较强的人际沟通、协调、组织能力以及高度的团队精神，责任心强。 ◆做事客观、严谨负责、踏实、敬业。 特殊要求：退伍军人优先。					
特殊说明：身体健康、精力充沛、仪表端正。					

【案例拓展】撰写岗位说明书常见的问题

一、常见矛盾

（一）直接上级如何填写

很多岗位上面有几个领导同时指挥安排工作，在填写直接上级的时候，相关岗位的人员往往会把指派自己工作的领导统统认为是自己的直接上级。其实每个岗位的直接上级只能也只有一个，否则两个领导同时安排工作究竟是先做哪位领导的工作呢？这种现象表面上看是多头领导，但追究本源看其实是本岗位的职责没有界定清楚、本岗位承担的职能不归属一类，跨度几项职能或者就是本岗位人员能力素质比较高得到领导们的认同。咨询人员一旦发现这种现象就需要立即与相关领导进行职能确认，辨别清楚本岗位所在部门的关键职责，以及本岗位在本部门所承担的责任，通过分析判断出本岗位应该承担的主要工作职责，而其他职能项只能安排其他岗位完成，倘若在所有部门中没有合适的人选完成，也不能把此项任务作为本岗位应该完成的工作，只能够作为临时性工作，添加在“领导交办的其他任务”这一项，一旦有合适的人选或者是其他相关岗位出现，则需要把此项工作进行转移。

（二）直接下级如何填写

很多的集团公司或者是生产工程部门的工作人员，往往会把有分子公司岗位中有业务指导关系的岗位作为自己的下级。所谓的直接下级就是在行政关系上、业务工作安排上、工作任务的协调上有紧密联系的岗位，而不仅仅是单方面业务工作的指导。

（三）工作职责如何阐述

所谓工作职责也就是把日常的工作内容通过书面化的语言描述出来。工作职责描述其实有两种方式，一种就是简单的概述，就是通过几句话，把该岗位所有的工作内容进行总结性的表述；一种就是比较详细的描述，通过详细的分析，汇总出该岗位的所有工作任务，把这些工作任务进行业务轻重或者是时间长短的分门别类，然后对各个类别再进行二次分解，把该岗位的内容分解到能够清晰阐述一个事件甚至是一个具体的动作。在这个过程中关键是要先了解所有的业务，以及业务的具体情况，然后再进行分解，这样才能够使得岗位的价值、岗位的重点一一体现。

（四）工作权限如何规定

其实每个岗位的每一条工作内容都隐藏着一个工作权限，但是由于这些权限并不会发挥作用，往往不会被撰写人员关注。但是关键任务中的工作权限，需要在岗位说明书中体现，这不仅仅能够体现该岗位工作重点，而且能够为这项工作的开展起到约束和推动作用。

（五）任职资格如何填写

任职资格包括工作年限、工作经验、工作知识、学历背景、技术能力、工作环境等方面的内容，在填写的过程当中往往会忽视这一方面的内容，或者就是按照当前本岗位人员的现状来填写这个内容。这项内容与招聘、培训、员工职业发展规划有非常紧密的联系，倘若工作分析做得不够细致，这个内容可以不先考虑，不过可以参照当前岗位人员的能力现状进行分析。配合进行的工作内容调整撰写培训要求和岗位技能要求是非常可取的方法。

二、撰写注意事项

（一）部门职责分解要充分、完全

要对部门所有职位职责进行汇总合并，与部门职责对比，然后明确职位责任进行填充；同一部门职责，不同层级的岗位可能担任的责任不同，我们必须进行分级详细描述，做到充分完全。

（二）工作领域的划分要合理

准确理解岗位的主要职责，参考部门工作领域对本岗位进行划分。如本岗位是负责部门工作领域中的单个领域，根据具体的职责用合并属性同类项的形式进行领域划分。

（三）岗位说明书要规范、准确、全面

岗位说明书需要按照“动词+内容+目的”的方式进行规范、准确、全面的描述，做到不重复、无交叉，以体现职位价值，作为提取绩能衡量的标准。

（四）岗位说明书要保持更新状态

一旦环境、技术、岗位要求发展变化，岗位说明书要做及时的调整更新，方能起到实时有效的指导作用。

（五）岗位说明针对的是职位，不是个人

（六）基本素质和知识、技能不能混淆、重叠

要对基本素质和知识、技能作出明确规定，描述什么是基本素质，什么是知

识，什么是技能时要认真检查，核实没混淆、重叠。

三、常见的误区

误区一：岗位说明书只是为岗位评估服务的。

岗位说明书是岗位评估的重要根据，但它同时为其他的 HR 管理做铺垫，实际上企业招聘（如在人才网看到的企业招聘岗位信息），晋升（岗位的要求及上岗的标准），培训（岗位的技能针对岗位员工是否欠缺——等等各个环节都建立在完整的岗位信息基础之上.

误区二：岗位说明书描述的是“正在做的”，不是“应该做的”。

在编制说明书的时候，HR 人员或岗位编写者往往参照自己或岗位人员做的工作进行编写，很容易犯下编写正在做的，而不是应该做的。岗位说明书的编写往往要对事不对人。

误区三：岗位说明书的描述应以“优秀员工的岗位工作职责与工作任务”。

为基准在企业里，有优秀、合格、不合格的员工。岗位说明书不能以优秀员工的岗位工作职责与工作任务为基准，应力求客观，在确保上岗资格都能胜任的情况下，进行岗位分析。有个典型的例子，某公司发现某一个部门经理 A 升迁了以后，其部门经理的职位始终招聘不到合适的人选，虽然后来有招聘一个部门经理 B，但后来 B 主动提出调离岗位，说压力太大。有人说 B 领导素质不能胜任；又有人说 B 领导管理水平太差；又有人说 B 领导沟通水平欠缺，其实最根本的原因是当时 A 升迁后，有参与部门经理的岗位说明书的描述，由于个人能力完全胜任本岗位，因此 A 在描述其岗位时，由于 A 的工作经历过生产管理，经营管理，内控管理等方面的培训或历练，岗位标准按照最优的标准进行编写，导致岗位说明书的上岗资格要求过高。在这家公司里，实际上都没有人能生产管理，经营管理，内控管理等方面都得到培训，因此岗位标准成了空中楼阁，大部分人都无法胜任。

误区四：有了岗位说明书就能按照岗位要求顺利工作了。

岗位说明书只是提供了员工的一个工作范围或工作任务，对于一些规范的企业来说，有了岗位说明书并不能保证新接手的员工顺利工作。岗位说明书中的很多职责，工作任务，只是一个笼统的说法，它只告诉了我们一个做什么（What），至于具体怎么操作（How），什么时候做（When），在哪里做（Where），谁做（Who），并没有通过岗位说明书进行明确。因此，作为员工，要履行岗位说明书的职责，首先要了解该岗位在企业中的地位，其次了解岗位的管理制度，岗位在企业中的流程节点，以及本岗位的作业指导书；最后，要认真履行这些制度、流程、规范、作业指导书，并在实际工作中，不断完善。

误区五：岗位说明书的编写应该由上一级主管填写。

在一个公司为建立岗位分析及评估系统而收集岗位信息时，一般都是从员工那里获取最原始资料，之后由上一级主管审核。在这样的过程中，上下级之间可以检讨是否在岗位职责方面有任何误解，主管对员工的要求是否得到员工清晰的领会。同时这样的做法也避免了有很多下属的主管花费太多时间来填写描述书。在岗位管理体系建立起来之后，修正描述书或撰写新岗位的描述书的工作通常由上一级主管及人力资源部共同负责。

【拓展思考】

1. 作为 HR，应如何加强不同行业的各类岗位研究？

2. 调查某企业各岗位职责，编写核心岗位的工作说明书。

案例九　当代大学生的职业生涯规划难题

【背景知识】职业生涯管理概述

一、大学生职业生涯规划的时机

有关教育专家指出，大学生应该尽早确立职业生涯的概念，进校就想出门事，就业难就早下手，让职业规划从大学入校读大学的第一天就开始，与大学学习生活同步。一年级了解自我，二年级锁定感兴趣的职业，三年级有目的地提升职业修养，四年级初步完成学生到职业者的角色转换。以便清楚地知道自己的优势和劣势，到了大学毕业才不会“临时抱佛脚”，出现就业恐慌。特别是面对当前的就业形势，不早下手，就要晚就业。

近年来，高校毕业生人数连年上升，此次调查也反映出，在一些工程类专业岗位上，毕业生甚至面临着下岗职工群的竞争。大学生以往的优势正在缩减。据统计：2001 年全国大学本科毕业生待业率为 30%，约 34 万人待业；2002 年 37 万人待业；2003 年 52 万人待业；2004 年为 69 万人；2005 年为 79 万人，为年年递增趋势。以上是教育部的估算数字，而实际上在 2003 年 6 月底，就已有 100 万毕业生去向未定。

职业生涯规划越早对今后毕业找工作越主动，谁的规划做得早，谁毕业时就最先拿到第一桶金。大一时就应做好职业规划，最迟大学三年级以前也一定要做完，否则，大四的时候就无法作出下步应聘职位的准备，目前，很多大学生拿着职业顾问为其做的职业生涯规划去应聘，一下就得到招聘单位的认可。更有很多人，大四的时候就已定好下步职位，一毕业，马上就可按照职业生涯规划去发展，则前途无量。

如果不做职业生涯规划就闯入职场，东撞一头，西撞一头，撞来撞去，等三十来岁的时候，而立之年，难立大业，回头看过，自己的职业生涯轨迹乱七八糟，走的是一条弯来弯去的曲线。有的人甚至走了一个圆圈，绕来绕去又回到 20 岁时的起步点，而且，再想向前，却步履维艰，无所适从。

二、职业生涯概述

职业生涯是人的一生中最为漫长、最为重要的阶段，从个人角度而言，人生的价值和意义是在职业生涯中得以体现的，从组织角度而言，帮助员工制定正确的职业生涯发展规划是组织获得人力资源方面竞争优势的重要途径，因此，职业生涯已成为人力资源管理中不可或缺的组成部分。

（一）职业生涯的含义

职业生涯就是员工个人职业的发展历程，它包括一个人一生中所有与职业相联系的行为与活动，以及相关的态度、价值观、愿望等连续性经历的过程，也包括一个人一生中职业、职位的变迁及工作、理想的实现过程。它并不包含在职业上成功与否、进步快慢，也就是说，不论职位高低，不论成功与否，每个工作着的人都有自己的职业生涯。

职业生涯（Career）这个概念的含义曾随着时间的推移发生过很多变化。在20世纪70年代，职业生涯专指个人生活中和工作相关的各个方面。随后，又有很多新的意义被纳入“职业生涯”的概念中，其中甚至包含了生活中关于个人、集体以及经济生活的方方面面。

职业生涯是一个动态的过程，是人一生中最重要的历程，特别是职业、职位的变动及工作理想实现的整个过程，是追求自我实现自我的重要人生阶段，对人生价值起着决定性作用。

（二）大学生职业生涯的特点

大学生职业生涯有它自身的规律和特点，具有发展性、阶段性、差异性、可规划性等特点。

1. 发展性

职业生涯是一个人一生连续不断的发展过程。随着时间的推移，每个人都会以不同的程度在这个过程中成熟起来。发展性在职业生涯中的表现是多方面的。大学生通过持续不断的个人修养来全面提升自己，使自己一步步地成长起来；通过一个个人生追求的实现来促进个人价值的提升，去承担着越来越重要的社会角色；通过有效的技能训练来提高自己的职业化水平，使自己成为某一方面的专家。

2. 阶段性

大学生的职业生涯发展具有阶段性，可以分为不同的发展时期。各阶段之间并不是并列关系，前一阶段的状态是后一阶段的基础，后一阶段的状态是前一阶段的进步和提高。注意职业生涯发展的阶段性，高质量顺利地完成各阶段的任务对大学生职业生涯的持续发展就显得非常重要。

3. 差异性

大学生所学专业不同，从事的职业不同，个体状态也不同。因此，每一个大学生的职业生涯都有很大的差异性。每个大学生无论在生理、心理还是习惯方面都会存在很大的不同，从而也会形成不同的职业生涯状态。特别是由于心态、思想和价值观的不同，支配职业生涯方向的发展也会不同，而且随着时间的推移，职业生涯的差异性也会越来越大。

4. 可规划性

大学生的职业生涯发展过程充满了偶然因素，因此人们往往以为是偶然因素在左右他们的前程。但是从长远来看，大学生的职业生涯发展是可以规划的。职业生涯的可规划性正是表现在对职业生涯发展过程中许多偶然因素的把握上，以克服在职业生涯发展中因偶然因素而导致的盲目性。

（三）职业生涯的分类

职业生涯是指与工作相关的整个人生历程，它几乎贯穿于每个人的一生，并且处于不断发展变化的状态。大学生职业生涯可分为内职业生涯和外职业生涯。

1. 内职业生涯

大学生内职业生涯是对个人而言的，是指在职业生涯发展中通过提升自身素质与职业技能而获取的个人综合能力、社会地位及荣誉的总和，它是别人无法替代和窃取的人生财富。

2. 外职业生涯

大学生外职业生涯是对组织而言的，是指大学生在职业生涯过程中所经历的职业角色及获取的物质财富的总和，它是依赖内职业生涯的发展而增长的。

（四）大学生职业生涯发展的阶段

一般而言，大学生的职业生涯发展都要经历几个阶段，不同的发展阶段对知识水平、工作能力、职业偏好等都有不同的要求，对工作会产生不同的影响。

1. 职业准备期

在职业准备期，大学生接触社会初步形成职业意向，从事职业技能学习以及等待就业的时期。这一时期大学生在不断地学习和积累知识、技能，为下一个时期的职业选择做好准备。

2. 职业选择期

大学生的职业选择是个人对于自己就业的种类、方向的挑选和确定。它是大学生真正进入社会生活领域的重要行为，是其人生的关键环节。通过职业选择，有利于自身和劳动岗位的较好结合，进而顺利进入社会劳动岗位。这一时期，大学生将接触分析有关职业信息，探索各种可能的职业选择，并试图把自己的职业选择与个人的兴趣和能力匹配起来。经过这个时期，个人已经有了择业的意向，并做好了就业的准备。

3. 职业适应期

职业适应期是指大学生走上职业岗位，逐步适应职业岗位要求的时期。这一时期个人已经做出了职业选择，并正式成为组织中的成员。由于刚刚开始自己的职业生涯，这个阶段还在逐步适应组织各个方面的环境，力图使自己更快更好地融入到组织中，较好地完成自己所从事的工作。同时，大学生还会力争发挥出自己的专长，更好地适应组织的发展。

4. 职业稳定期

职业稳定期是指大学生稳定于某种职业或某个行业领域，这个阶段占据大学生职业生涯的绝大部分。这一时期，大学生已经完成了与职业的适应和调整，成为组织中较为稳定的成员，而且，还会根据组织的需要，实现纵向提升、横向流动的情况，最终成为组织中成熟的成员。这一时期也是大学生对组织贡献最大、时间最长的时期。

5. 职业能力衰退期

该时期是一个人职业生涯发展的后期阶段，这一时期毕业多年的大学生工作经验丰富，但是体力和精力却会明显下降。因此，处于这一时期的很多员工都会选择接受一种新的角色，把位置留给年轻人，成为年轻人的良师益友。

6. 职业结束期

职业结束期是退休、结束自己职业生涯的阶段，这一时期的大多数员工已经离开了自己的工作岗位，开始考虑退休后的一些问题。

（五）影响大学生职业生涯的因素

影响大学生职业生涯的因素主要包括以下几个方面：

1. 个人因素

个人因素在每个大学生的职业生涯中起着重要的基础作用，它决定着一个人职业的发展方向和前景，具体包含健康、性别、年龄、教育、价值观等要素。

（1）健康。健康身体是任何人职业生涯开始的首要条件，几乎所有的职业都需要有健康的身体。凡是积极追求健康的人大多满意他们过去的职业经历。他们关心自己身体的健康，执著追求着事业的成功。但是紧张忙碌的职业会导致压力增加。因此，采取一些技巧，保持适度的压力激励自己是十分重要的。

（2）性别。性别问题一直是大学生职业生涯发展的敏感话题，受传统观念的影响，男性对事业的追求和渴望始终占有重要的地位，他们把大部分时间都安排到工作方面，对家庭的付出是相当少的。适应时代的发展，女性也更渴求有一份安稳的工作，而与此同时还必须兼顾家庭，这对女性来说是相当不公平的。

（3）教育。大多数的人都认为，教育是改变社会阶层的主要动力，显然，教育程度是事业成功中不可缺少的因素。现在越来越多的企业对录用大学生受教育的阶段程度密切关注，因此大学生在职业生涯发展过程中也必须考虑自身学历提升和学识补充的一系列问题。

（4）年龄。大部分的事业是与人的年龄密切联系在一起的。事实上，有少数人在一般认定的年龄之后才开始事业的重要阶段，被称为“大器晚成”。但是不能拿大多数人的事业与这极少数的例外者相提并论。不同学历层次的大学生要正确认识自己所处的年龄阶段，做好年龄与职业生涯的匹配。

（5）心理因素。个人在人格与冲动的引导下，通过升华作用，选择可以满足其需要和冲动的职业。这种职业着重强调的是自我功能的增强。一旦这种心理因素遇到挫折，则会对职业的质量造成影响。因此，大学生应当保持健康的心理状态去选择自己所从事的职业。

（6）价值观。一个人生活在社会环境中，必然会受到个人价值观念的影响，大多数人的价值取向，在很大程度上都是为社会主体价值取向所左右的。大学生的思想发展、成熟的过程，其实就是认可、接受社会主体价值观念的过程，这一点在当今时代尤为重要，将直接影响职业的偏好与选择。

2. 社会因素

社会因素对每个大学生的职业生涯乃至发展都有重大的影响。通过对社会环境的分析，了解所在国家或地区的经济发展方向，寻求不同的发展机会。影响职业生涯的社会因素包括：

（1）社会阶层。社会阶层的划分仍然存在，社会上所存在的不平等现象都会影响大学生的职业生涯。现代企业尽管就社会阶层来挑选员工的时代正在逐渐改变，但是社会阶层在目前仍是影响个人职业生涯一大束缚，“寒门学子”现象仍有不同程度的发生。

（2）经济发展水平。在经济发展水平高的地区，企业相对集中，优秀企业也就比较多，大学生的职业选择机会就比较多，因而有利于个人职业的发展；反之，在经济落后的地区，大学生的职业选择机会就比较少，个人职业生涯也会受到限制。

（3）社会文化环境。社会文化是影响每一代大学生的行为、欲望等基本因素。它主要包括教育水平、教育条件和社会文化设施等。在良好的社会文化环境中，个人能力受到良好的教育和熏陶，从而为职业生涯打下了更好的基础。

三、大学生职业生涯规划

职业生涯规划是在对一个人职业生涯的主观条件和客观条件进行测定、分析、总结的基础上，对自己的兴趣、爱好、能力、特点进行综合分析与权衡，结合时代特点，根据主客观条件设计出合理且可行的职业生涯发展方向。

（一）职业生涯规划的含义和意义

1. 职业生涯规划的含义

职业生涯规划（Career Planning）又称为职业生涯设计，是指员工在充分了解自己的个性、价值观、知识技能以及组织环境的基础上，确定其最佳的职业奋斗目标，并为实现这一目标做出行之有效的安排。

职业生涯设计的目的绝不仅是帮助个人按照自己的资历条件找到一份合适的工作，达到与实现个人目标，更重要的是帮助个人真正了解自己，为自己定下事业大计，筹划未来，拟定一生的发展方向。

2. 大学生实施职业生涯规划的意义

职业生涯活动将伴随我们的一生中的大部分时间，拥有成功的职业生涯才能实现自己完美的人生。因此，职业生涯规划具有特别重要的意义。

（1）可以有效发掘自我潜能。一份行之有效的职业生涯规划将会：1）引导你正确认识自身的个性特质、现有与潜在的能力，帮助你重新对自己的价值进行定位并使其持续增值；2）引导你对自己的优势与劣势进行对比分析；3）使你树立明确的职业发展目标与职业理想；4）引导你评估个人目标与现实之间的差距；5）引导你发现新的或有潜力的职业机会；6）使你学会如何运用科学的方法采取可行的步骤与措施，不断增强你的职业竞争力，实现自己的职业目标与理想。

（2）可以增强发展的目的性与计划性。职业生涯发展要有计划、有目的，切不可盲目地“撞大运”，很多时候职业生涯受挫就是由于职业生涯规划没有做好。要重视职业生涯规划，掌握好的规划方法，为自己设计具有发展意义的职业目标。好的计划是成功的开始，凡事“预则立，不预则废”就是这个道理。

（3）可以提升应对竞争的能力。当今社会处在变革的时代，到处充满着激烈的竞争。尤其是我国加入 WTO 后，这种竞争表现得更加明显。每个人要想在这场激烈的竞争中脱颖而出并保持立于不败之地，必须设计好自己的职业生涯。这样才能做到心中有数，不打无准备之仗。而不少应届大学毕业生不是首先坐下来做好自己的职业生涯规划，而是拿着简历与求职书到处乱跑，总想会撞到好运气找到好工作，结果是浪费了大量的时间、精力与资金，到头来感叹招聘单位是不能慧眼识英雄，叹息自己英雄无用武之地。出现这种情况的原因就是这部分大学毕业生没有充分认识到职业生涯规划的意义与重要性，认为找到理想工作的条件是学识、业绩、耐心、关系、口才等，而忽略了职业生涯规划。还有的大学生认为职业生涯规划纯属是纸上谈兵，简直是耽误时间，有那时间还不如多跑两家招聘单位，这是一种错误的理念，实际上只有有了清晰的认识与明确的目标之后再把求职活动付诸实践，这样的效果要好得多，也更经济、更科学。

（二）职业生涯规划的期限

职业生涯规划的期限，可以划分为短期规划、中期规划和长期规划。

（1）短期规划。职业生涯短期规划一般为五年以内的规划，主要是确定近期目标，规划近期完成的任务。

（2）中期规划。职业生涯的中期规划一般为5~10年，主要是规划员工个人3~5年内的工作目标与任务。

（3）长期规划。职业生涯的长期规划其规划时间是10~20年以上，主要设定个人较长远的发展目标。

这三种规划期限员工要根据自己的实际情况进行设计，但无论是短期、中期还是长期规划，每个员工都应该具备，并根据环境的改变要做出不断地调整。

（三）职业生涯规划的特性

（1）可行性。职业生涯规划要有事实依据，并非美好幻想或不着边的梦想，是自己力所能及的事情，具有一定的可行性，否则将会延误个人职业生涯发展的良机。

（2）适时性。职业生涯规划是预测未来的行动，确定将来的职业发展目标，因此各项主要活动何时实施、何时完成，都应有时间和时序上的妥善安排，以作为检查行动的依据。

（3）适应性。职业生涯规划未来的职业生涯目标，牵涉到多种可变因素，因此规划应有弹性，以增加其适应性。

（4）连续性。职业生涯规划是对人生每个发展阶段的设计，因此要保持其持续连贯性的衔接。而不能出现前一个阶段任务完成后，下一个阶段的职业发展目标还处于茫然阶段。

（四）职业生涯规划应遵循的原则

（1）实事求是。职业生涯规划首先要做到实事求是，也就是说，员工必须全面、准确地认识自己，了解自己的优势和不足，正所谓“自知之明”说的就是这个道理。只有客观地认识自己，才能设计科学合理的职业生涯规划。

（2）择己所爱。在设计自己的职业生涯时，务必注意：考虑自己的特点，珍惜自己的兴趣，选择自己所喜欢的职业。调查表明：兴趣与成功几率有着明显的正相关性。从事一项你所喜欢的工作，工作本身就会收到较好的效果。

（3）择己所长。任何职业都要求从业者掌握一定的技能，具备一定的能力条件。而一个人一生中不能将所有技能都全部掌握。所以你必须在进行职业选择时择己所长，从而有利于发挥自己的优势。

（4）择世所需。社会的需求不断演化着，旧的需求不断消失，新的需求不断产生。所以在设计你自己的职业生涯时，也一定要分析社会需求。

（5）择己所利。职业是个人谋生的手段，其目的在于追求个人幸福。所以你在择业时，首先考虑的是自己的预期收益——个人幸福最大化。这就是你在选择职业生涯中的收益最大化原则。

（五）大学生职业生涯规划的方法

咨询机构和心理学专家进行职业咨询和职业规划时常常采用的一种方法就是5W的思考的模式。从问自己是谁开始，然后顺着问下去，共有五个问题：

（1）你是谁？（Who are you?）

“你是谁?”应该对自己进行一次深刻地反思，有一个比较清醒的认识，优点和缺点都应该一一列出来。

（2）你想做什么？（What you want?）

“你想做什么?”是对自己职业发展的一个心理趋向的检查。大学生在不同阶段的兴趣和目标并不完全一致，有时甚至是完全对立的。但随着年龄和经历的增长而逐渐固定，并最终锁定自己的终身理想。

（3）你能做什么？（What can you do?）

“你能做什么”则是对自己能力与潜力的全面总结，一个人职业的定位最根本的还要归结于他的能力，而职业发展空间的大小则取决于自己的潜力。对于一个大学生潜力的了解，应该从几个方面着手去认识，如对事的兴趣、做事的韧力、临事的判断力以及知识结构是否全面、是否及时更新等。

（4）环境支持或允许你做什么？（What can support you?）

这种环境支持在客观方面包括本地的各种状态比如经济发展、人事政策、企业制度、职业空间等；人为主观方面包括同事关系、领导态度、亲戚关系等，两方面的因素应该综合起来看。有时大学生在职业选择时常常忽视主观方面的东西，没有将一切有利于自己发展的因素调动起来，从而影响了自己的职业切入点。而在国外通过同事、熟人的引进找到工作是最正常也是最容易的。当然大学生应该树立正确的价值观，知道这和一些不正常的“走后门”等歪门邪道有着本质的区别。这种区别就是这里的环境支持是建立在自己的能力之上的。

（5）最终的职业目标是什么？（What you can be in the end?）

大学生应当将职业生涯计划详细陈列，建立个人发展计划书档案，通过系统的学习、培训，实现就业理想目标。例如从技术员做起，在此基础上努力熟悉业务领域、提高能力，最终达到技术工程师的理想生涯目标；预测工作范围的变化情况，不同工作对自己的要求及应对措施；预测可能出现的竞争，如何相处与应对，分析自我提高的可靠途径；如果发展过程中出现偏差，如果工作不适应或被解聘，如何改变职业方向。

（六）大学生职业生涯规划的步骤

大学生的职业生涯设计基本上可以分为确立目标、自我与环境的评估、职业的选择、职业生涯策略、评估与反馈等五个步骤。

1. 确立目标

确定目标可以成为追求成功的驱动力，俗话说："志不立，天下无可成之事。"志向是事业成功的基本前提，没有志向，事业成功也就无从谈起；没有目标，如同驶入大海的孤舟，不知该走向何方。所以，大学生在进行职业生涯设计时，首先要确立志向，确定目标，这是制定职业生涯规划的关键，也是职业生涯设计中最重要的一点。

在制订就业目标时，应根据社会经济发展的趋势，在考虑国有企业、外资企业等单位的同时，也应该考虑非国有企业、欠发达地区和艰苦行业。当代大学生应当用发展的眼光、长远的观点来指导自己的择业。

2. 自我与环境的评估

（1）自我评估。每位设计者，都无法避免对自我和外在环境的了解，自我评估的目的是认识自己、了解自己。每一位大学生只有认识了自己，才能对自己的职业做出正确的选择，才能选定适合自己发展的职业生涯路线，才能对自己的职业生涯目标做出最佳选择。自我评估包括自己的性格、兴趣、特长、学识、技能、思维、道德水准以及社会中的自我等。

（2）环境评估。环境评估主要是评估各种环境因素对自己职业生涯发展的影响，每一个人都处在一定的环境之中，离开这一环境便无法生存与成长。所以，大学生在制订个人的职业生涯规划时，要分析环境条件的特点、环境的发展变化情况、自己在这个环境中地位、环境对自己提出的要求以及环境对自己有利的条件和不利因素等等。只有对这些环境因素充分了解，才能做到在复杂的环境中趋利避害，使你的职业生涯设计具有实际意义。

（3）职业的选择。据统计，在选错职业的人当中，有80%以上的人在事业上是失败者。因此，职业选择的正确与否，直接关系到人生事业的成功与失败。大学生在选择职业的过程中要考虑性格与职业的匹配，兴趣与职业的匹配，特长与职业的匹配，内外环境与职业的相适应。

社会上的职业多种多样，不同的职业，对从业人员的知识、技能、素质等要求不同，不同的个体所具有的素质也是有差异的，所以，大学生对职业的选择，一方面要从社会需要出发，同时也要考虑自身的实际情况，扬长避短，只有这样才能做到人尽其才，才尽其用。

爱因斯坦是世界著名的科学家，以色列国会曾邀请他回国当总统，被他婉言谢绝。爱因斯坦认为，自己的性格适合当科学家，搞研究，不适合当总统，搞政治，如果一定要让他当总统，那可就总统当不好，科学研究也搞不出，因为谁也做不到又当总统又搞科研，两边都能干出成绩来。我们设想一下，如果爱因斯坦真的去当总统，结果会怎样？极有可能是以色列多了一位无足轻重的总统，而人类却少了一个伟大的科学家。

(4) 职业生涯策略。职业生涯策略是指为实现职业生涯目标的行动计划，一般都是具体的、可行性较强的。大学生在确定具体的职业选择目标后，就要采取相应的行动。这里所指的行动主要是指落实目标的具体措施，主要包括教育、培训、实践等方面的措施。例如，在职业素质方面，你计划学习哪些知识，掌握哪些技能，开发哪些潜能等。

(5) 评估与反馈。“计划不如变化快”，尤其在现代职业领域，大学生应不断对自己的设计进行评估和修订，并调整自己的前进步伐。

【案例详情】大学生职业生涯规划

某高校女生，计算机专业，在临近毕业时常常对自己的职业动向难以选择。就现在来说计算机专业属于热门，找一份差不多的工作并不难，但由于自己是女生，在就业时肯定又不如同班的男生，同时自己对教师的职业比较喜欢。在这种存在多重矛盾的情况下，如何进行一次有关职业规划方面的认真思考，并通过对其职业前途的规划来确定其就业方向。

思考：请为该女生设计一份职业生涯规划。

【案例思考】科学规划　合理职业　精彩生涯

职业规划就是对职业生涯乃至人生进行持续的系统的计划的过程。一个完整的职业规划由职业定位、目标设定和通道设计三个要素构成。

职业生涯规划（Career Planning）也称为“职业规划”。在学术界人们也喜欢叫“生涯规划”，在有些地区，也有一些人喜欢用“人生规划”来称呼，其实表达的都是同样的内容。又称为职业生涯设计，是指个人与组织相结合，在对一个人职业生涯的主客观条件进行测定、分析、总结的基础上，对自己的兴趣、爱好、能力、特点进行综合分析与权衡，结合时代特点，根据自己的职业倾向，确定其最佳的职业奋斗目标，并为实现这一目标做出行之有效的安排。职业生涯规划中的5个“W”包含以下内容：

一、Who are you?

某重点高校计算机专业毕业生；优秀学生干部，学生成绩优秀，英语通过国家六级；辅修过心理学、管理学；参加过高校演讲比赛，拿过名次；家庭状况一般，既不属于有钱之类，也不是拮据的那种父母工作稳定，身体健康，暂时还不需要有人特别照顾；自己身体健康；性格上不属内向，但也不是特别活跃，喜欢安静。

二、What you want?

很想成为一名老师，这不仅是儿时的梦想，而且比较喜欢这种职业；其次可以成为公司的一名技术人员；如果出国读管理方面的硕士，回国成为名企业管理人员也是可以接受。

三、What can you do?

做过家教，虽然不是自己的专业，但与孩子交流有天生的优势，当学生成绩进步时很有成就感；当过学生干部，与手下人相处比较好，组织过几次有影响的大型活动；实习时在公司做过一些开发，虽然没有大的成就，但感觉还行。

四、What can support you?

家里亲戚推荐去一家公司做技术开发；GRE 考得还可以，已经申请了国外几所高校学金还很难说，况且现在签证比较困难；但能不能有奖学金。去年曾有几家学校来系里招聘教师，但不是当老师，而是要去学校做技术维护，今年不知会不会有学校再来招聘教师；有同学开了一家公司，希望自己能够加盟，但自己不了解这个公司的具体业务，也不知道它有多大的发展前途。

五、What you can be in the end?

大学生应当将职业生涯计划详细陈列，建立个人发展计划书档案，通过系统的学习、培训，实现就业理想目标。例如从技术员做起，在此基础上努力熟悉业务领域、提高能力，最终达到技术工程师的理想生涯目标；预测工作范围的变化情况，不同工作对自己的要求及应对措施；预测可能出现的竞争，如何相处与应对，分析自我提高的可靠途径；如果发展过程中出现偏差，如果工作不适应或被解聘，如何改变职业方向。

最终的职业选择，可能会出现以下四种情形：

（1）到一所学校当老师，自己有这方面的兴趣和理想。

（2）到公司做技术人员，收入上会好一些，但通过这几年的发展看，这种行业起伏较大，同时由于技术发展较快，得随时对自己进行知识更新，压力较大，信心不足，兴趣也不是很大。

（3）去同学的公司丢掉专业，从底层做起，风险较大，这与自己求稳的心理性格不符，同时家庭也会有阻力。

（4）如愿以偿获得奖学金，能够出国读书，回国后还是去做一名企业管理人员。不确定因素较多，且自己可把握的较少，自己始终处于被动状态。

职业规划最重要有两个主要目的：

第一个目的是找到适合自己的工作，找工作最重要的就是要人岗匹配，适合自己。每个工作都有长处和短处，每个人都有优势和劣势。分析、定位是职业生涯规划的首要环节，它决定着个人职业生涯的方向，也决定着职业生涯规划的成败。求职之前先要进行职业生涯规划，进行职业生涯规划之前先要进行准确的自我定位。先要弄清自己想要干什么、能干什么，自己的兴趣、才能、学识适合干什么。可以通过可靠的量表工具的测量，评估职业倾向、能力倾向和职业价值观，这是职业生涯规划的基础。职业规划就是根据测评结果的各项指标，以及自身的学历、经历、能力，了解一个人的内在、外在优势，并且把这些优势整合在一起，作为职场上打拼的核心竞争力。然后，由咨询师根据南北市场、行行业业的千千万万个职位，进行分析，找到这个人岗匹配的匹配点，也叫职位切入点。

第二个目的是通过规划求得职业发展，制定出今后各个阶段的发展平台，并且拿出攻占各个平台的计划和措施，然后由咨询师对切入点的所在的市场状况、行业前景、职位要求、入行条件、培训考证、工作业务、薪酬提升、行业英语等运作进行详细的指导，如：要上每个平台，需要多长时间、补充哪些知识，增加哪些人脉等，而自己则沿着主干道去充电，几年后成为业内的精英，从而使自己的薪水和职位得到升华。

【案例拓展】高职学生职业通用胜任力的思辨：基于无边界职业生涯幸福感的视角

随着现代信息技术对知识经济时代的加速影响，社会经济迅猛发展，并且触发了职业结构的颠覆性改变。2015 年 7 月颁布的新版《中华人民共和国职业分类大典》新增了 347 个职业，894 个传统职业被取消，而且与 99 版相比，中类和小类也均发生了显著变化（新增 9 个中类和 21 个小类）。作为我国人才培养教育体系中的高等职业院校，其“职业性”的属性如何针对职业更新的空间进行调整，为新职业提供人才支撑，成为了高职教育供给侧改革的一个攻坚方向。高职学生能否在未来职业生涯中适应经济社会发展的需要，不断积累和创新专业知识和职业技能，保持良好的职业状态，具备可迁移的、可转换的职业能力显得尤为关键。基于无边界职业生涯幸福感的视角，强调职业通用胜任力的重要性，或将解决高职学生如何应对职业变迁、提升就业能力、彰显个人社会价值等问题。

一、无边界职业生涯的背景

信息社会的扁平化结构趋势正在逐步转变传统工业社会的单位组织形态。组织结构和形式的重构引发了职业生涯的新发展，个体的社会价值正在被重新定义，马克思所设想的“自由人的自由联合”模式也在诸多新兴组织和产业领域被予以证明。无边界组织的逐步显现，促使个体的工作变动和职业变更成为了新常态。

美国心理学者亚瑟最早定义了无边界职业生涯，将其解释为超越单个就业环境边界的一系列的就业机会，并指出独立于而非依赖组织的职业生涯安排这一特征要素。美国社会学者巴克和奥尔德里奇在进一步的研究中认为，可转换能力的积累和自我认同将成为核心，是判断个体是否在追求无边界职业生涯的重要因素。在以雇佣心理契约向交易型契约转变的过程中，个体不再依赖组织来进行职业生涯管理，而是通过知识更新和技能强化来提高自身的未来可雇用性。以提升就业能力替代长期雇佣保证的无边界职业生涯，体现了个体能够跨越不同组织实现持续就业的时代新象。

美国精神分析理论家沙利文曾对“无边界职业生涯”的概念描述提出质疑，认为从系统的角度，职业生涯不是也不可能是无边界的。当然，“无边界”并不是对边界的绝对否定，庞涛和王重鸣提出从组织观点来考察职业生涯，使用“无边界职业生涯”的概念较为合适；若从个体观点，可使用“易变性职业生涯”的描述。所谓“无边界”是在于如何促成、实现边界的可穿越性和可渗透性，或是将原有边界模糊化，形成类似“隔膜”（借用生物学概念）的新边界。

美国品牌研究专家亚当森指出，无边界职业生涯强调个体对组织发展和革新的适应性，并且独立于特定组织和现有的职业生涯路径，表现出更为复杂的多维性和动态性。技术进步和组织变革导致传统职业的消亡，职业变迁呈现全新格局。就业能力，尤其是通用能力（如学习能力、方法能力、沟通能力等）和适应环境变化的协调能力显得更为重要。美国精神分析理论家沙利文个体依据职业价值评估和能力的可迁移性，频繁穿越组织边界的趋势将成为一种新型的社会规范，而不再被视为对组织的不忠诚。无边界职业生涯表达了一个更加柔性的框架，将超越组织边界的职业生涯概念化，满足了长期以来对更加宽广、更具包容性的职业生涯概念的需求。

二、职业生涯幸福感理论的出现

职业生涯是现代人活动的中心，决定了生活水平、精神状态、职业发展和社会价值观等重要内容。经济的全球化、产业结构的调整、组织结构的扁平化、职业选择的多样化促使无边界职业生涯的出现，而纷杂的环境条件和多元的个体因素使得以职业生涯发展为核心，针对自身职业经历、职业现状以及职业前景的主观评价和情绪体验成为了关键。在无边界职业生涯中，个体对职业成功的评判标准从传统的职位升迁、薪酬增长、社会评价等外显要素，转变为对整个职业生涯参与过程中的自我内在感受。

2008 年，英国学者基德第一次提出了职业生涯幸福感的概念，将幸福感研究扩展到人们对整个职业生涯的情感体验。她指出，职业生涯幸福感不同于职业（或工作）幸福感，后者体现的是个人对当前所从事职业（或工作）的主观体验；而前者体现的是个人对职业生涯经历和职业生涯发展过程的主观感受，不仅包括当前职业（或工作）中的情感体验，还包括对整个职业生涯，包括所经历的职业事件、职业过程、职业态度等一系列问题的总体感受。职业生涯成功标准的转化既是无边界职业生涯导致的结果，同时也是无边界职业生涯产生的原因。个体对于职业生涯的追求已不仅仅满足于解决基本的生活需要，从中获得成就感、实现个人价值、保持良好职业状态、达成职业与生活之间的平衡等目标，使职业生涯幸福感成为个人职业选择与评价职业成功的重要标准。

职业生涯幸福感来源于个体对职业生涯中所从事工作的长期感受，这与职业压力、职业稳定性、职业决策和职业成长相关。职业结构的变化和职业地位的变更，引起了职业价值观的变迁。个体将人生目标和人生态度聚焦于职业选择，从本质上而言，就是一种职业生涯幸福感的预判。传统职业生涯中的加薪和职务升迁不再成为个体选择职业的唯一标准，职业幸福感的缺失、职业倦怠的滋生与职业回报构成的现代职场“幸福悖论”迫使个体对整个职业生涯，即无边界职业生涯的幸福感进行评估。无边界职业生涯使个体更为重视自我心理感受的职业成功，以及职业（或工作）与生活之间的多元化满意感。

三、无边界职业生涯幸福感对高职学生职业通用胜任力培养的启示

（一）可持续发展的“职业性”属性的重塑

职业通用胜任力是一种基于职业规划、职业选择、职业发展的通用素质，具有跨越行业、组织、岗位的普遍性，其本质是一个包含知识、技能、态度、动机、特质的综合体，并且不被限制于行业类型、组织规模、工作层次。过于“实用”的高职教育往往偏重岗位就业能力的培养，突显以就业为导向的“职业性”属性，忽视了从事任何职业都需要的通用知识和一般通用能力的构建，使高职教育陷入狭隘的训练主义境地——职业技能培训，而背离以人为本、促进人的全面和谐发展的教育本质。

无边界组织的兴起，使得组织与其巨大的工作网络（由该组织同其他组织或

个体所建立起来）成为了个体实现组织跨越、职业变更的前提；职业结构的变化、新职业的涌现，要求高职教育的“职业性”必须挖掘职业内涵，具备足够的横向行业宽度和纵向职位深度。面对经济社会的快速发展，高职院校如果仅仅通过创新一些专业名称、增减一些课程设置来应对行业的更替和职业的变迁，无疑是杯水车薪的，不足以解决经济社会人力资源需求变化的新问题。通过夯实专业建设、打通专业壁垒来创新人才培养模式是解决高职学生面对未来职场，实现无边界职业生涯的可持续发展的有效措施。原劳动社会保障部张小建副部长在《必须为经济发展注入新的动力源》一文中就明确指出“应开发除岗位专业能力以外的、适用于各种职业的核心能力作为提高劳动者技术技能的新基础，持续发展并终身受益”。强调高职教育的发展型“职业性”属性，培养高职学生的职业通用胜任力，将成为高职院校践行供给侧结构性改革的又一重要方向。

（二）基于无边界职业生涯幸福感的高职教育人才培养尝试

无边界职业生涯幸福感强调个体在职业生涯发展过程中，对所经历的各类职业过程、不同职业变化和职业发展的幸福体验。美国学者克莱斯和西班牙学者鲁伊斯指出，加强个体的职业生涯管理能够提升其对当前职业状况的满意程度，增强在职业生涯中的自信心，并在长期的职业发展过程中，体验到更多的积极情绪和幸福感。高职学生较本科学生而言，由于鲜明的职业取向，直接制约了“后职业阶段”的发展动力。尤其是在面对职业知识、技术技能需要迁移或变更时，新知识、新技术技能的获取过程往往较为漫长，内化能力显著薄弱。为了解决高职学生职业生涯幸福感的缺失，实现在无边界职业生涯中的自我成长、价值体现和体验幸福，目前高职教育人才培养的创新尝试初见端倪。

1. 通识教育的全新回归

通识教育作为非专业性和非职业性的人文素质和通用技能的教育形式，已被众多高职院校所重视，并且正在积极地进行专业特色化的探索，尝试通识教育与专业教育之间的互通，通识课程学习与实践性教学、校园文化建设之间的融合。通专结合的教育模式赋予了现代高等职业教育全新的价值理念和育人模式。

通识教育不倡导高等教育一味迎合社会暂时的或者短期的需求，反对专业的功利主义价值观，以“以人为本”的思想着眼于人的全面发展。随着社会经济发展引起的职业变迁，愈发体现了通识教育在高等职业教育中的显著地位。通识教育在综合提升职业素质的同时，更有利于高职学生在无边界职业生涯中的持续发展，以“通”来解决知识的积累和技能的提升，以“通”来应对职业生涯的把握和调整，以“通”来感受职业生涯带来的乐趣和幸福。正如自由教育学派代表人物 Newman 认为，受过通识教育的人可以胜任诸多职业。因此，高职院校在强调专业培养和职业定向的同时，应利用好通识教育这一利器，来达成涵养培养和素养定位。

2. 选修课程的跨界新常态

科学技术的发展，促进了产业跨界和行业跨界，“跨界”俨然成为了经济发展的新常态。一个“互联网+”引领了一系列的跨界与融合，催生了诸多产业和行业的互联网发展趋势。未来更多的“+”又可能带来更为广泛领域的全新蜕变。在“跨界”的时代背景下，高等职业教育的育人模式也突显出了跨界思维，基于“全”“通”“复合”等要素的人才属性使得高职学生在掌握本专业职业技能的同时，必须拓展更为多元化的专业涉猎。

目前，在高职院校的选修课程体系中，跨专业选修课已成为重要组成。跨专业选修课在促进高职学生专业知识与职业技能综合交叉，培养迁移性职业能力等方面发挥了积极的作用。通过纵向延伸和横向拓展，跨专业选修课丰富了高职学生的专业素养，进一步提高了职业通用胜任力。从知识和技能的角度，跨界有利于交互和融合，有助于整合和创新；从职业生涯的角度，跨界更便于职业的发展和无边界的跨越；从幸福感的角度，跨界能够实现自身价值的累积和提升，最终实现无边界职业生涯幸福感的促成。

3. 现代学徒制的新探索

现代学徒制是国际职业教育发展的重要趋势，也是我国高等职业教育改革的又一重大举措。教育部副部长在全国职业教育现代学徒制试点工作推进会上强调“现代学徒制是职业教育与社会需求的紧密对接”。随着经济社会的高速发展，科学技术带动了自动化和信息化程度的不断提高，产业进一步得到优化和升级。传统的精细化岗位分工逐步被以解决问题为导向的灵活性、整体性、综合性任务所取代。现代学徒制的核心就是采用产教融合、校企合作、工学结合的方式，促成职业院校与行业、企业的协同育人机制，培养跨职业的技能导向的关键能力。

对于高职教育而言，现代学徒制一方面为高职学生创建了多种学习途径，提供有吸引力的职业生涯发展通道，另一方面也有利于高职学生的职业生涯管理，更有助于对无边界职业生涯的规划和设计。现代学徒制通过企业的岗位胜任力来诠释职业通用胜任力，借助宽广的职业生涯发展路径，为高职学生提供了就业或继续深造等多样化的选择，满足其职业发展与未来发展的需求，强化了对职业生涯经历和职业生涯发展过程的主观感受。

4. 创新创业教育的兴起

自 2010 年在《教育部关于大力推进高等学校创新创业教育和大学生自主创业工作的意见》中明确“高等学校开展创新创业教育，积极鼓励高校学生自主创业”的战略方针后，创新创业教育成为了我国高等教育科学发展的重要理念，更是我国高等职业教育深化改革的重要内容。在“大众创业、万众创新”的旗帜下，高职院校一方面持续优化专业建设，加强学生的职业技能培养，另一方面重视职业教育为人的全面发展的服务功能，拓展学生人文素养、创新意识、创业精神、创业能力等综合素质的培养，并凸显出专业交叉性和行业融合性的特点。

创新创业教育的本质就是基于无边界职业生涯，促成个体发展的可持续性和全面性，实现个体社会价值的最大化和职业生涯的幸福感。专业教育是职业生涯的开端和延续，创新创业教育则着眼于发展与未来。在2015年《国务院办公厅关于深化高等学校创新创业教育改革的实施意见》和《教育部关于印发〈高等职业教育创新发展行动计划（2015~2018年）〉的通知》中，均强调了坚持育人为本，促进学生全面发展，提升人力资本素质的原则精神。单一的、片面的、功利性的职业教育违背个体发展的客观规律和主观意识，社会的发展与人类的发展赋予了现代职业教育更为深刻的内涵。创新创业教育不是专业教育的对立面，而是专业教育在信息技术和知识经济背景下的创新性、前瞻性的集中体现。

四、我国高等职业教育展望

我国高等职业教育已进入内涵建设阶段，提升高职学生的可持续发展能力，完善现阶段的人才培养模式无疑是重要的课题。《关于加快发展现代职业教育的决定》提出了“系统培养、多样成才”的原则要求，高职人才培养方案应依据学生多元的职业生涯，由“单一”走向“多元”，并服务于经济社会的发展和人的全面发展。无边界职业生涯幸福感的视角，聚焦于“无边界”和“幸福感”两个维度。“无边界”契合了高职教育可持续发展的“职业性”属性，以知识的积淀、更新和技能的强化、提升来实现组织边界的穿越，确保职业发展的“未来性”。“幸福感”则是进一步否定过于“实用”的高职教育的局限，突出了高职学生在职业生涯过程中自我成长、价值体现和体验幸福的综合要求。

在未来社会，职业结构的改变仍将继续。对高职学生职业通用胜任力的思辨，是以实现可迁移的、可转换的职业能力为前提的探索。目前，高职院校在通识教育、跨界选修课程、现代学徒制、创新创业教育等领域的尝试本质上就是为了解决职业通用胜任力获取的途径。基于无边界职业生涯幸福感，优化人才培养模式，构建高职学生的通用职业胜任力将是高职教育进一步发展与革新的突破方向，更是高职教育践行供给侧结构性改革的重要方向。

【拓展思考】

1. 作为HR，应如何为新员工进行科学的职业生涯规划？

2. 请结合自身专业和社会发展趋势，为自己制订一份详细的职业生涯规划书。

案例十　缺乏活力的H公司

【背景知识】人力资源规划概述

一、人力资源规划的内容

（一）人力资源规划概述

1. 人力资源规划定义

人力资源规划（Human Resource Planning，HRP）是一项系统的战略工程，它以企业发展战略为指导，以全面核查现有人力资源、分析企业内外部条件为基础，以预测组织对人员的未来供需为切入点，内容包括晋升规划、补充规划、培训开发规划、人员调配规划、工资规划等，基本涵盖了人力资源的各项管理工作，人力资源规划还通过人事政策的制定对人力资源管理活动产生持续和重要的影响。人力资源规划具有统筹性和指导性作用，是人力资源管理活动的基础与起点。

从广义上讲，人力资源规划就是根据变化的环境对组织资源需求进行分析，并为满足这些需求而设计必要的活动。

从狭义上讲，人力资源规划是指根据组织的线路目标和外部环境的发展变化，合理分析和预测组织对人力资源的需求和供给情况，并根据此制定相应的计划或方案，以保证组织在适当的时候获得适当数量、质量和种类的人员补充，满足组织和个人的需求。

简单地说，人力资源规划就是对组织某个时期的人员供给和人员需求进行预测并根据预测结果来平衡人力资源的需要。

准确地理解人力资源规划的含义，必须把握以下几个要点：

（1）人力资源规划要在企业发展战略和经营规划的基础上进行，人力资源管理只是组织经营管理的一个子系统。它为组织的经营发展提供人力资源的支持，离开组织整体经营发展战略，人力资源规划也将失去本身的重要意义。

（2）人力资源规划对企业特定时期内人员供给和需求进行预测，主要从数量和质量两个方面进行。组织对人力资源的需求，数量只是其中的重要方面，更重要的是人力资源的质量，这也是人力资源管理不易做到且往往容易忽视的问题。

(3) 人力资源规划的内容，主要是对组织特定时期的人员供给和需求进行预测，然后对预测结果采取正确的平衡措施以达到供需平衡。预测是整个人力资源规划活动的基础，预测不准确或离开预测，人力资源的供给便无法达成平衡。因此，采取平衡措施又是预测的目的，二者相辅相成。

2. 人力资源规划的目标

人力资源规划是为了确保组织实现下列目标：

(1) 得到和保持一定数量具备特定技能、知识结构和能力的人员；充分利用现有人力资源。

(2) 能够预测企业组织中潜在的人员过剩或人力不足。

(3) 建设一支训练有素，运作灵活的劳动力队伍，增强企业适应未知环境的能力。

(4) 减少企业在关键技术环节对外部招聘的依赖性。

为达到以上目标，人力资源规划需要关注的焦点如下：

(1) 需要多少人。

(2) 员工应具备怎样的技术、知识和能力。

(3) 现有的人力资源能否满足已知的需要。

(4) 对员工进行进一步的培训开发是否必要。

(5) 是否需要进行招聘。

(6) 何时需要新员工。

(7) 培训或招聘何时开始。

(8) 如果为了减少开支或由于经营状况不佳而必须裁员，应采取怎样的应对措施。

(9) 除了积极性、责任心外是否还有其他的人员因素可以开发利用。

3. 人力资源规划作用

人力资源规划作用包括以下几方面。

(1) 有利于组织制定战略目标和发展规划。人力资源规划是组织发展战略的重要组成部分，同时也是实现组织战略目标的重要保证。

(2) 确保组织生存发展过程中对人力资源的需求。人力资源部门必须分析组织人力资源的需求和供给之间的差距，制定各种规划来满足对人力资源的需求。

(3) 有利于人力资源管理活动的有序化。人力资源规划是企业人力资源管理的基础，它由总体规划和各种业务计划构成，为管理活动（如确定人员的需求量、供给量、调整职务和任务、培训等）提供可靠的信息和依据，进而保证管理活动的有序化。

(4) 有利于调动员工的积极性和创造性。人力资源管理要求在实现组织目标的同时，也要满足员工的个人需要（包括物质需要和精神需要），这样才能激发员工持久的积极性，只有在人力资源规划的条件下，员工对自己可满足的东西和满足的水平才是可知的。

（5）有利于控制人力资源成本。人力资源规划有助于检查和测算出人力资源规划方案的实施成本及其带来的效益。要通过人力资源规划预测组织人员的变化，调整组织的人员结构，把人工成本控制在合理的水平上，这是组织持续发展不可缺少的环节。

（二）人力资源规划

1. 人力资源规划的内容

人力资源规划包括以下五个方面：

（1）战略规划。是根据企业总体发展战略的目标，对企业人力资源开发和利用的方针，政策和策略的规定，是各种人力资源具体计划的核心，是事关全局的关键性计划。

（2）组织规划。组织规划是对企业整体框架的设计，主要包括组织信息的采集、处理和应用，组织结构图的绘制，组织调查、诊断和评价，组织设计与调整，以及组织机构的设置等。

（3）制度规划。制度规划是人力资源总规划目标实现的重要保证，包括人力资源管理制度体系建设的程序，制度化管理等内容。

（4）人员规划。人员规划是对企业人员总量，构成，流动的整体规划，包括人力资源现状分析，企业定员，人员需求和供给预测和人员供需平衡等。

（5）费用规划。费用规划是对企业人工成本，人力资源管理费用的整体规划，包括人力资源费用的预算、核算、结算，以及人力资源费用控制。

2. 人力资源规划的层次

人力资源规划是预测未来的组织任务和环境对组织的要求，以及为了完成这些任务和满足这些要求而设计的提供人力资源的过程。通过收集和利用现有的信息对人力资源管理中的资源使用情况进行评估预测。对于我们现在来说，人力资源规划的实质是根据公司经营方针，通过确定未来公司人力资源管理目标来实现公司的既定目标。因此，我们将人力资源规划主要分为两个层次：战略计划和战术计划两个方面。

（1）人力资源总体规划。人力资源总体规划是指计划期内人力资源规划结果的总体描述，包括预测的需求和供给分别是多少，做出这些预测的依据是什么，供给和需求的比较结果是什么，企业平衡供需的指导原则和总体政策是什么等。在制定战略计划的过程中，必须注意以下几个方面因素：

1）国家及地方人力资源政策环境的变化。包括国家对于人力资源的法律法规的制定，对于人才的各种措施。国家各种经济法规的实施，国内外经营环境的变化，国家以及地方对于人力资源和人才的各种政策规定等。这些外部环境的变化必定影响公司内部的整体经营环境，从而使公司内部的人力资源政策也应该随着有所变动。

2）公司内部的经营环境的变化。公司的人力资源政策的制定必须遵从公司的管理状况、组织状况、经营状况变化和经营目标的变化。由此，公司的人力资源管理必须根据以下几个原则，根据公司内部的经营环境的变化而变化。

第一，安定原则。安定原则是在公司不断提高工作效率的前提下，公司的人力资源管理应该以公司的稳定发展为其管理的前提和基础。

第二，成长原则。成长原则是指公司在资本积累增加，销售额增加，公司规模和市场扩大的情况下，人员必定增加。公司人力资源的基本内容和目标是为了公司的壮大和发展。

第三，持续原则。人力资源管理应该以公司的生命力和可持续增长、并保持公司的永远发展潜力为目的；必须致力于劳资协调、人才培养与后继者培植工作。

3）人力资源的预测。根据公司的战略规划以及公司内外环境的分析，而制定人力资源战略计划，为配合公司发展的需要，以及避免制定人力资源战术计划的盲目性，应该对公司的所需人员作适当预测，在估算人员时应该考虑以下因素：公司的业务发展和紧缩而所需增减的人员；因现有人员的离职和调转等而所需补充的人员；因管理体系的变更、技术的革新及公司经营规划的扩大而所需的人员。

4）企业文化的整合。公司文化的核心就是培育公司的价值观，培育一种创新向上、符合实际的公司文化。在公司的人力资源规划中必须充分注意与公司文化的融合与渗透，保障公司经营的特色，以及公司经营的战略的实现，和组织行为的约束力，只有这样，才能使公司的人力资源具有延续性，具有自己的符合公司的人力资源特色。

（2）人力资源业务规划。人力资源业务规划是对总体规划的分解，每一个业务计划一般由任务、政策和预算等部分构成，其有效实施是实现总体目标的重要保证。人力资源业务规划包括人员补充计划、人员配置计划、人员接替和提升计划、人员培训开发计划、工资激励计划、员工关系计划和退休解聘计划等。

在人力资源管理中有了公司的人力资源战略规划后，就要制定公司人力资源战术规划。人力资源的战术规划包括四部分：

1）招聘计划。针对公司所需要增加的人才，应制定出该项人才的招聘计划，一般为一个年度为一个段落，其内容包括：计算本年度所需人才，并计划考察出可有内部晋升调配的人才，确定各年度必须向外招聘的人才数量，确定招聘方式，寻找招聘来源，对所聘人才如何安排工作职位，并防止人才流失。

2）人员培训计划。人员培训计划是人力计划的重要内容，人员培养计划应按照公司的业务需要和公司的战略目标，以及公司的培训能力，分别确定下列培训计划：专业人员培训计划；部门培训计划；一般人员培训计划；选送进修计划。

3）考核计划。一般而言，内部因为分工的不同，对于人员的考核方法也不同，在提高、公平、发展的原则下，应该根据员工对于公司所作出的贡献作为考核的依据。这就是绩效考核的指导方法。绩效考核计划要从员工的工作成绩的数量和质量两个方面，对员工在工作中的优缺点进行测定。譬如科研人员和公司财务人员的考核体系就不一样，因此其在制订考试计划时，应该根据工作性质的不同，制定相应的人力资源绩效考核计划。至少包括以下三个方面：工作环境的变动性大小；工作内容的程序性大小；员工工作的独立性大小。绩效考核计划做出来以后，要相应制订有关考核办法，常用的方法包括：排序法、平行法、关键事件法、硬性分布法、尺度评价表法、行为定位等级评价法、目标管理法。

4）发展计划。结合公司发展目标，设计核心骨干员工职业生涯规划和职业发展通道。明确核心骨干员工在企业内的发展方向和目标；以达到提高职业忠诚度和工作积极性的作用。

二、人力资源规划程序与影响因素

（一）人力资源规划指导的原则

（1）充分考虑内部、外部环境的变化。人力资源计划只有充分地考虑了内、外环境的变化，才能适应需要，真正地做到为企业发展目标服务。内部变化主要指销售的变化、开发的变化、或者说企业发展战略的变化，还有公司员工的流动变化等；外部变化指社会消费市场的变化、政府有关人力资源政策的变化、人才市场的变化等。为了更好地适应这些变化，在人力资源计划中应该对可能出现的情况做出预测和风险变化，最好能有面对风险的应对策略。

（2）确保企业的人力资源保障。企业的人力资源保障问题是人力资源计划中应解决的核心问题。它包括人员的流入预测、流出预测、人员的内部流动预测、社会人力资源供给状况分析、人员流动的损益分析等。只有有效地保证了对企业的人力资源供给，才可能去进行更深层次的人力资源管理与开发。

（3）使企业和员工都得到长期的利益。人力资源计划不仅是面向企业的计划，也是面向员工的计划。企业的发展和员工的发展是互相依托、互相促进的关系。如果只考虑企业的发展需要，而忽视了员工的发展，则会有损企业发展目标的达成。优秀的人力资源计划，一定是能够使企业和员工达到长期利益的计划，一定是能够使企业和员工共同发展的计划。

（二）人力资源规划的程序

1. 准备阶段

要能够比较准确地做出预测，就需要收集和调查相关的信息，人力资源规划的信息包括组织内部环境信息和组织外部环境信息。这些信息主要包括以下几个方面：

（1）外部环境的信息。这些信息包括两类，一是经营环境的信息，如社会政治、经济、文化以及法律环境等；二是直接影响人力资源供给和需求的信息，如外部劳动力市场的供求状况、政府的职业培训政策、国家的教育政策以及竞争对手的人力资源管理政策等。

（2）内部环境的信息。这些信息业包括两个方面，一是组织环境的信息，如企业的发展战略、经营规划、生产技术以及产品结构等；二是管理环境的信息，如公司的组织结构、企业文化、管理风格及人力资源管理政策等。这些因素都直接决定着企业人力资源的供给和需求。

2. 预测阶段

这是最关键也是难度最大的一部分。主要任务是在充分掌握信息的基础上，选择使用有效的预测方法，对企业在未来某一时期的人力资源供给和需求做出预测。该阶段主要是对人力资源的供给预测和需求预测。

（1）进行人力资源需求预测。

1）根据职务分析的结果确定职务编制和人员配置。

2）进行人力资源盘点，统计出人员的缺陷、超编以及是否符合资格要求。

3）将上述统计结论与部门管理者进行讨论，修正统计结论，并将统计结论化为现实人力资源需求。

4）对预测期内退休的人员进行统计。

5）根据历史数据，对未来可能发生的离职情况进行预测。

6）将步骤4）与步骤5）统计和预测的结果进行汇总，得出未来人力资源流失情况。

7）根据企业发展规划，确定各部门的工作步骤。

8）根据工作量的增长情况，确定各部门还需增加的职务及人数，并进行汇总统计。

9）该统计结论为未来增加的人力资源需求。

10）将现实人力资源需求、未来流失人力资源和未来人力资源需求汇总，即得到整体人力资源预测结果。

（2）进行人力资源的供给预测。

企业进行人力资源预测时应该把重点放在高级管理人员和高级技术人员身上。

1）对企业现有员工进行盘点，了解企业员工的现状。

2）分析企业职务调整政策和历史员工调整数据，统计出员工调整的比例。

3）向各部门的人事决策者了解可能出现的人事调整情况。

4）将步骤2）和步骤3）的情况汇总，得出企业内部人力资源供给预测。

5）分析影响外部人力资源供给的地域性因素，包括：

第一，分析公司所在地的人力资源整体现状和对人才吸引程度；

第二，公司本身对人才的吸引程度和公司薪酬对人才的吸引程度；

第三，公司能够提供各种福利对人才的吸引程度。

6）分析影响外部人力资源供给的全国性因素；国家相关专业大学生毕业人数及分配状况；国家就业政策和该行业全国范围的人才供需状况以及各地薪酬水平和差距。

7）根据步骤5）、6）的分析，得出企业外部人力资源供给预测。

8）内外部供给预测汇总，得出企业人力资源供给预测结果。

3. 实施阶段

在供给和需求预测出来以后，就要根据两者之间的比较结果，通过人力资源的总体规划和业务规划，制定并实施平衡供需的措施，使得企业对人力资源的需求得到正常的满足。

（1）确定人员净需求。在对未来的人力资源需求预测和供给预测数据的基础上，将本组织人力资源需求的预测数与在同期内组织本身可供给的人力资源预测数进行对比分析，从比较分析中可测算出各类人员的净需求数，这里所说的“净需求”既包括人员数量，又包括人员的质量、结构，即既要确定需要多少人，又要确定需要什么人，数量和质量要对应起来。从而得出企业发展过程中每个阶段每个职位类别的人员净需求。这样就可以有针对性地进行招聘或培训，就为组织制定有关人力资源的政策和措施提供了依据。

（2）制定具体规划。根据组织战略目标及本组织员工的净需求量，编制人力资源规划，包括总体规划和各项业务计划。同时要注意总体规划和各项业务计划及各项业务计划之间的衔接和平衡，提出调整供给和需求的具体政策和措施。一个典型的人力资源规划应包括：规划的时间段、计划达到的目标、情景分析、具体内容、制定者、制定时间。

1）规划时间段。确定规划时间的长短，要具体列出从何时开始，到何时结束。若是长期的人力资源规划，可以长达5年以上；若是短期的人力资源规划，如年度人力资源规划，则为1年。

2）规划达到的目标。确定达到的目标要与组织的目标紧密联系起来，最好有具体的数据，同时要简明扼要。

3）情景分析。目前情景分析：主要是在收集信息的基础上，分析组织目前人力资源的供需状况，进一步指出制订该计划的依据。未来情景分析：在收集信息的基础上，在计划的时间段内，预测组织未来的人力资源供需状况，进一步指出制订该计划的依据。

4）具体内容。这是人力资源规划的核心部分，主要包括以下几个方面：项目内容；执行时间；负责人；检查人；检查日期；预算。

5）规划制定者。规划制定者可以是一个人，也可以是一个部门。

6）规划制定时间。主要指该规划正式确定的日期。

（3）实施人力资源规划。人力资源规划的实施，是人力资源规划的实际操作过程，要注意协调好各部门、各环节之间的关系，在实施过程中需要注意以下几点：

1）必须要有专人负责既定方案的实施，要赋予负责人拥有保证人力资源规划方案实现的权利和资源。

2）要确保不折不扣地按规划执行。

3）在实施前要做好准备。

4）实施时要全力以赴。

5）要有关于实施进展状况的定期报告，以确保规划能够与环境、组织的目标保持一致。

4. 评估阶段

这是整个规划过程的最后一步。它包括两层含义，一是指在实施的过程中，要随时根据内外部环境的变化来修正供给和需求的预测结果，并对平衡供需的措施做出调整；二是指要对预测的结果以及制订的措施进行评估，对预测的准确性和措施有效性作出衡量，找出其中存在的问题以及有益的经验。

（1）审核与评估的组织。人力资源管理委员会。该委员会一般由一位副总裁、人力资源经理、直线经理以及相关专家和员工代表组成。

（2）审核与评估的内容。

（3）审核评估的方法。

1）目标对照法：将起初预测的某个时期的人力资源需求水平与后来的实际水平相比较。

2）比照以下结果的实现程度可以评估人力资源规划成功与否：第一，高级管理人员对人力资源为组织决策做出的巨大贡献的认识程度；第二，对人力成本预测的准确程度；第三，对人力资源需求预测的准确程度；第四，经理人员职业发展规划的可行度。

（4）人力资源规划实施后的反馈与修正。对人力资源规划实施后的反馈与修正是人力资源规划过程中不可缺少的步骤。评估结果出来后，应进行及时的反馈，进而对原规划的内容进行适时的修正，使其更符合实际，更好地促进组织目标的实现。

【案例详情】H 公司的人力资源政策规划

H 公司是一家以房地产开发经营为主，涉足投资、文化等产业领域的集团化企业，从创立之初的 3000 万元人民币发展为一家资产规模超 10 亿元，年税后利润近 1 亿元人民币的企业。H 公司秉承“真心、诚心、暖心”的全程客户服务理念，致力于为员工、客户、股东、社会创造更多的新价值。公司倡导“以人为本，以客为先”的理念，提倡员工“自我实现、自我完善、自我创造”，在选人、用人方面，坚持“品行端正、事业心强、忠诚勤奋、真实才干”的标准。目前，公司拥有 1000 余员工，中高层管理人员均具有本科以上学历，平均年龄不到 45 岁。

根据 H 公司最新满意度调查结果，70%以上员工比较满意能在 H 公司工作，他们的工作动机大多数是因为公司能提供锻炼与发展自我机会。半数员工认为 H 公司的工作环境好，工作较有挑战性，能充分发挥自己的能力，工作也能得到领导的认可，工作职责比较明确，同事间及部门间的合作比较融洽。86%的员工认为工作职责明确，各部门各岗位具有岗位说明书，并在员工入职时候做相关的培训及讲解。76%的员工感觉工作具有挑战性，44%的员工认为已尽其所能。员工不满意的地方主要集中在以下方面：

（1）工资待遇一般，只有 34%的员工对目前工资表示满意，大多数人对当前的薪酬福利制度存有不满，尤其是最近一段时间物价上涨飞快的情况下，公司现行的岗位技能工资制，激励手段单一，效果较差。绩效工资所占的比例较小，优秀员工和合格员工在收入上的差距并不大，绩效考核结果与薪酬待遇脱节，在一定程度上，对绩效考核的实施起不到强化作用。

（2）多重领导现象较多。偶尔受多重领导的现象高达 62%，一件事情直接领导、中层领导、高层领导同时分配给一个人做，浪费时间与精力，一个文件需要签字的人数有好几个，遇到利益有一堆人竞争，到了关键时刻互相推诿责任，使下属不知所以，严重影响企业发展。

（3）员工关怀疏于形式。面对知识员工流失的现实，公司领导已经引入员工关系管理。具体做法是在人力资源部人员招聘科设置员工关系管理职务，负责员工关系框架体系建设和实施。公司决策层多次强调要加强员工关系管理，并一再要求尽快建设员工关系管理机制，加强沟通渠道建设，关注并及时解决员工工作。生活的困难和问题，细化以人为本的理念，感到受重视和领导的关切之情，提供员工满意度，做到事业留人，感情留人，待遇留人。由于领导的重视，在员工关系管理实施之初，取得了一定的成效。如组织文娱活动，改善员工关怀，但时间一长，很多活动都办的不温不火，得不到员工的认可。

思考：如何对 H 公司实施有效的人力资源政策规划？

【案例思考】头脑风暴法

发言人一：

通过案例可以看出 H 公司对于人力资源管理工作非常重视，加强沟通渠道建设，关注并及时解决员工工作，生活的困难和问题，并且定期进行员工满意度调查。但是，该公司的人力资源相关政策只停留在表面上，只是组织一些文娱活动，并没有真正涉及员企关系工作的核心。

发言人二：

造成 H 公司目前现状的原因可能是：H 公司薪酬增长幅度与员工期望不符；员工对薪酬结构不满意，现有制度没有体现多劳多得。要解决这一问题，可以从以下方面入手，首先，H 公司应进行薪酬市场调查，了解行业薪酬发展动态，在此基础上，与员工沟通交流，说明薪酬增长慢的原因，如果确定 H 公司薪酬水平低，增长幅度小，在公司有足够支付能力的情况下，可以适度提高；在此，可以对现有薪酬结构进行调整，强调岗位重要性的同时，建立科学的以绩效为导向的薪酬激励体系；最后，建立全面薪酬的观念。该公司在工作环境，工作内容等方面对员工有较大的吸引力，可将这部分作为全面薪酬的组成部分。

发言人三：

规划人力资源政策是现代人力资源管理的重要目标之一，但是人力资源政策不像招聘、培训、绩效、薪酬等人力资源工作那样具体，而是贯穿于人力资源的各项管理工作中。所以，改善员工关系没有什么秘诀，不同的企业面临不同的环境，在改善员工关系上也是面临不同的问题。

发言人四：

H 公司可以按以下工作内容实施人力资源政策规划：

（1）要确立员工自上而下认同企业的愿景，明确各管理层的职责，强化他们对企业内部生态治理工作的认知。

（2）为完善人力资源政策体系，实行开放式的充分沟通，营造现有沟通渠道上，着重建设与改进沟通，如：“强化沟通考核，实行合理化建议反馈责任制，定期召开会议座谈会，充分利用BBS论坛、员工满意度调查等。”

（3）建立起物质激励与精神激励相结合的激励配套机制，如实施员工援助计划。

（4）构建公司容错、自主、平等的公司内部生态环境，形成良好的心理契约循环。

【案例拓展】关于F公司人力资源管理的诊断分析

业务迅速发展是每一公司领导者都梦寐以求的事情。然而领导者往往把注意力都放在利润增长与业务发展上，对相应配套的人力资源管理却相对忽视，正是这种忽视使企业在发展过程中埋下了隐患。

由于机遇或者其行业大趋势被看好的原因，某些企业得以高速发展，但是人力资源管理的发展却没有得到同样高速的发展，依旧停滞不前。我们可以想象，一架凭着强劲风力与动力冲上蓝天的飞机，在准备展翅翱翔的时候，却发现发动机的马力不足！结果会如何呢？风光只能是昙花一现，摔落却是必然。

一、业务迅速扩展，人力资源管理出现缺口

在公司发展与人力资源配套方面的问题上，F公司在发展迅速深为鼓舞的同时，也明显感受到人力资源管理没有相应跟上所带来的压力。

公司是一家全国著名的文化传播公司，属全民所有制企业。公司现有员工数百人，主要业务是杂志出版、发行，旗下除母刊外，还有三本子刊；在实业投资方面拥有一家教育学院（合资）和一家房地产公司（股份制企业）及其他一些配套产业。2003年，公司纯利润达2000多万（人民币）。

F公司创立于20世纪80年代，一直以单一杂志业务出版为主业。由于读者群定位准确，杂志的发行量于90年代初开始有大幅度上升，1999年曾跃居全国综合类杂志排行榜前列，盈利可观。由于公司发展迅速，加之市场形势竞争激烈，公司领导决定打破以往闭关自守的局面，扩展业务范围，接连创办了三本新刊，并加大在实业方面的投资。同时大举招收新人加盟，既为业务扩展弥补人才上的缺口，也为公司未来发展储备优秀人才。

由于许多新的业务是在匆促之中开创的，新刊的重要职位全部由老员工担任，但是新刊的风格、内容与母刊有很大的不同，这批老员工的编辑技术及心理准备还未完全适应新刊的运作。加之大批新加盟的员工（几乎占总员工人数的一半）对企业的原有运作方式尚未适应，对公司的企业文化在认知上也有一定的差距，人力资源的配置出现很大的问题。诸多问题的积聚，造成了三本新刊在市场

定位、渠道销售、广告宣传方面都存在着问题，最后导致新刊的仓促面世得不到市场的认可，前期几百万的投入几乎颗粒无收。2003 年，F 公司总体利润同比大幅下降。

二、F 公司存在问题的原因分析

（一）招聘制度

招聘制度的优劣直接影响到企业对未来人才的储备，是公司能否持续发展的重要一环，许多公司都建立一套完整的考核筛选体系作为招聘新员工的依据。但是作为一家事业单位，F 公司在许多方面仍存在国企遗风，招聘制度更是存在着明显的缺陷。F 公司虽设有人事部，但此部门的作用仅限于员工的资料存管记录，根本起不到招聘新员工的甄别选拔作用。员工被聘用的渠道除了少部分真正凭能力应聘人选之外，很大一部分是靠各种关系进来，这就造成了员工之间文化素质及业务水平良莠不齐的情况，这不仅对日常的业务开展有一定的影响，更重要的是影响了整体的士气。公司的性质及长久以来形成的企业文化决定了公司不会随便解聘员工，即使他（她）是一个不太合格的员工。公司的用人成本日渐上升。

（二）企业文化

企业文化是公司能否拥有核心竞争力的根源，企业文化又分为三个层面上的文化：产品文化、制度文化及价值文化。F 公司在业务扩展之前一直习惯于按早已成形的生产方式来运作，企业文化、企业的价值观认同也是十几年不变，老员工习惯了享受良好的福利待遇，所以宁愿因循守旧也反对革新变化，担心原有的待遇受到影响。保守派的力量异常强大。业务范围的迅速扩展和新员工的加盟，明显对原有的企业文化产生了巨大的冲击。新员工的到来带来了新的生产知识与新的运作方式，同时他们对企业愿景目标的认同也各有不同，这就造成了新旧文化的交锋斗争。在内部举行的一场批评与自我批评会上，双方斗争之激烈程度出人意料。

在改革与守旧的抉择上，公司领导一直持谨慎态度，但最后的明显意愿是站在维护老员工利益上。新员工提出的变革方案与更新生产方式的建议被搁置，业务运作方式与制度文化保持不变，这对新员工的工作积极性造成很大的打击。2003 年中期，不少新加盟的员工辞职离开。

（三）知识结构

北大经济管理学院副院长张维迎教授曾说过：“未来企业的竞争优势之一就是公司内部员工的知识结构有一种互补的优势。”这一句话点明了未来企业的竞争是多元的，任何一个行业的发展都需要多种知识结构的人才，如果内部人才的知识结构能够互补，这将给公司构建一个强有力的交流平台，各种发展的问题、竞争的问题、产品的研发问题都可以在这个平台上得到很好的解决，而不需借助外力。最明显的互补性知识结构企业是麦肯锡公司，其之所以能成为世界最著名的战略咨询公司，为各个行业的公司做管理咨询，依靠的就是麦肯锡内部拥有各种知识结构的优秀人才。

员工知识结构的单一是F公司发展的瓶颈。不仅缺乏广告专业人才，也在杂志发行上缺乏营销人才，更重要的是整个公司包括最高领导在内没有一个人学过全面的企业管理理论知识，对公司的管理仍旧停留在按个人意志与喜好定论的阶段，在公司未来发展战略的制定上更存在很大的问题。知识结构的掣肘导致了领导层对期刊市场发展把握不准，由于对新创办的刊物的市场缺乏了解，在投入大量人力、物力之后竟然接连以失败告终，这不仅影响了公司的声誉也打击了员工创新的激情。

（四）激励机制

人力资源的核心问题就是激励机制的问题，一套健全有效的激励机制对吸引优秀人才的加盟及留住骨干员工有着非常重要的作用。

F公司作为一家事业单位，制度上的特殊性决定其激励机制有限制性。公司一向以良好的薪酬及福利待遇享誉业界，这也是公司多年来人才流动率极低的有效法宝之一。但是随着形势的变化，同类竞争者的员工待遇也随之大幅度上升，F公司却多年保持不变，薪酬及福利上的优势明显减弱，加之工资报酬的边际效益递减作用，这一激励机制受到了严重的挑战。

后来加盟的一批高素质人才，他们的价值观明显异于公司的原有员工，对企业的期望值也有所不同。良好的薪酬待遇是公司具有吸引力的因素之一，但绝不会是唯一的因素。作为高素质人才，他们渴望工作中有接受挑战的机会，有创新实现自我价值的机会，有接受职业再培训的学习机会，可惜这些方面恰恰是F公司的弱项。公司目前的领导都是F公司创业的元老，他们凭着二十年来创办企业的老经验经营，不允许公司的生产流程及制度有所变化，一方面是担心变化之后会削弱自色对权力的控制，另一方面则担心变革之后自己对业务运作不再熟悉。在这种观念支配之下，公司的种种机制包括激励机制都是多年如一日。而领导层凭着多年经验对高工资就会留住人才这一点深信不疑，所以公司不会以其他的方式作为激励手段来吸引人才。

正因如此，这批高素质人才后来要么选择离开，或者干脆加盟F公司的直接竞争对手。他们的离开，不仅对F公司的业务发展有很大影响，更致命的是他们将F公司的业务流程及许多操作手法带到竞争对手公司中，对F公司的发展更是沉重一击。

三、解决问题的决策与措施

(一) 改变用人制度的局限性

招聘员工是企业赖以发展非常重要的一环，F公司应该在人力资源的招聘与管理上一改今日轻视的作风，杜绝按关系招聘员工的腐朽做法，而是根据企业发展需要，面向社会，有目的地招收各方面的精英人才。除了在招聘上严格把关之外，更重要的是还应加强内部员工的职能培训。加强内部的职能培训不仅让员工更有忠诚感，同时也能提高工作效率，为企业后续多种化经营储备必要的人才。

作为一家事业单位，人才晋升制度的僵死是阻碍企业向更高层次发展的一个症结。F公司中的员工是按工龄及资历来论辈分，而不是以能力为标准决定员工晋升的阶段。这种制度应该有所改变，否则留不住高素质的人才，特别是年轻的高素质人才。

了解员工的想法，包括了解员工对自己职业发展前景的构想，帮助他们实现自己的生活梦想，这是每一家公司非常重要的人力资源管理工作。如果员工的梦想能与企业的梦想结合在一起，员工的发展目标与企业的发展相一致的话，那么员工的工作热情与工作效率必然高涨，这对企业来说意味着什么，自然是不言而喻的。

成功的人力资源管理应该是一种人性化的管理，即把员工看作企业最宝贵的财富，看作是企业得以生存发展的动力源泉——而不是把他们当作一群没有思想的雇佣者，这将有利于最大程度地提高员工的工作积极性，这种积极性不是金钱刺激所能比拟的。F公司所要做的就是调整在人力资源管理上的观念，不要单纯把员工当作经济人的假设，而应该把员工当作是企业真正的主人。

(二) 革新企业文化

如果说人力资源管理是公司发展的动力源泉，那么企业文化就是公司发展革新旧的企业文化，加强企业的集体凝聚力和向心力，对重振F公司士气有非常大的帮助。企业文化一日不改变，F公司的发展就始终存在着隐患。人心不稳或者员工没有一种以大局为重的集体意识，任何公司都无法有更高的发展。

一个优秀的企业背后都是一种优秀的企业文化在支撑。海尔“真诚到永远”的负责精神，微软的“让全世界每一台桌子都有一台运行着微软软件的电脑”远大理想，TCL的为顾客创造价值等口号或方针都是一种强大企业文化的体现。强大的企业文化对员工是一种强大的精神支持与鼓励，从某种意义上讲，它是激励员工为企业为自身创造价值的最深层次的动力。如果一个公司发展非常稳健良好，其背后必定有一套完善合理的企业文化为后盾。反之，如果一个公司发展出现了问题，首先我们必须检查的是其企业文化是否出现了问题——有什么样的企业文化就有什么样的员工与产品，有什么样的企业文化就有什么样的市场策略与发展方向。

【拓展思考】

1. 作为人力资源管理人员，在进行企业人力资源规划前应做好哪些准备工作？

2. 以自己所在城市为视角，分析政府的人才政策，并结合某一行业调研，进行人力资源规划。

参考文献

[1] 刘希珍，王梅．人力资源开发与管理［M］. 北京：中国劳动社会保障出版社，2007.
[2] 赵恒平．人力资源开发与管理［M］. 武汉：武汉理工大学出版社，2008.
[3] 张德．人力资源开发与管理［M］. 北京：清华大学出版社，2007.
[4] 胡八一．这样激励最有效：员工激励十大方法［M］. 北京：北京大学出版社，2011.
[5] 杨东．员工激励［M］. 北京：中国轻工业出版社，2009.
[6] 王志．赢在激励［M］. 北京：中国经济出版社，2005.
[7] 黄维德，董临萍［M］. 北京：高等教育出版社，2005.
[8] 中国就业培训技术指导中心．企业人力资源管理师（一级）［M］. 北京：中国劳动社会保障出版社，2013.
[9] 朱勇国．人力资源管理案例教程［M］. 北京：首都经济贸易大学出版社，2006.
[10] 赵署明．人力资源开发与管理［M］. 北京：北京师范大学出版社，2007.
[11] 夏天，马丹．人力资源管理［M］. 北京：冶金工业出版社，2017.